公会計テキスト

Public Sector Accounting

黒木 淳【編著】
Kuroki Makoto

中央経済社

◆**執筆者一覧**（執筆順）

黒木　淳　　担当：はじめに，第1章，第2章，第8章，第10章，おわりに
　　横浜市立大学大学院教授

廣瀬　喜貴　　担当：第3章
　　大阪公立大学大学院准教授

若林　利明　　担当：第4章，第7章
　　上智大学准教授

本川　勝啓　　担当：第5章
　　学習院大学教授

尻無濱　芳崇　　担当：第6章，第9章
　　神奈川大学准教授

はじめに

　本テキストは公会計について学習するためのテキストである。公会計とは，公共サービスを提供する組織（本テキストでは公的組織と称する）を対象とした会計のことである。少子高齢化や人口減少といった社会環境の急激な変化によって，わが国は先進諸国に先駆けた多くの社会的課題が生じている。社会環境の劇的な変化にともなう社会的課題の解決をめざし，公共サービスを提供する公的組織の社会的な重要性は増加し続けている。このような公的組織に対する需要の高まりは，公共サービスを提供する組織の範囲の拡大につながっている。国・地方公共団体を中心に構成されたかつての公的組織の範囲が，独立行政法人や公営企業などをはじめ，公益社団・財団法人（本テキストでは公益法人と称する），社会福祉法人，学校法人などに拡張されている。

　幸いにも，公的組織に対する需要の高まりや範囲の拡張と合わせて，公会計を学習するための環境が充実しつつある。公的組織における会計情報が，財務情報や非財務情報を含めて強制的に開示されはじめている。たとえば，読者はウェブサイトを検索することで，政府や地方公共団体の予算や決算などの財務情報，そして人口や産業の状況，医療・福祉・教育などの非財務情報が容易に入手できるだろう。

　しかし，会計情報を用いて判断や意思決定できるように学習するための公会計に関するテキストは少ない。公会計に関するさまざまな会計情報が開示されているにもかかわらず，会計情報をどのように利用すればよいのかについて，必ずしも整理されていない。そこで，本テキストは，各章において財務分析の事例を紹介しており，また読者が自ら学習を深めることができるよう，練習問題を収録している。読者が公的組織における会計情報をどのように利用することができるのか，理解を深めることを重視している。

　また，本テキストは，公共性が広がるなかで，公会計が対象とする組織は従来の公共部門のみで十分であるのか，ということに問題意識を持つ。前述したように，公共サービスの提供主体は公益法人や社会福祉法人，教育無償化や私

学助成などを考慮すれば初等中等教育や高等教育を担う学校法人などに広がりをみせている。そこで，本テキストは，国や地方公共団体だけではなく，独立行政法人や公営企業，公益法人，社会福祉法人，学校法人まで含めて読者が理解を深めることができるよう，各章を構成している。

　以上の特徴を有する本テキストの読者は主に大学生や大学院生を想定しているが，社会環境の変化にともない社会的課題に直面する市民や行政関係者，議会・議員など，幅広く活用できるように工夫している。本テキストの活用にあたっては，たとえば1セメスター15回の学部・大学院での講義において，講義スタイルだけでなく，読者が自ら関心を有する公的組織を対象として財務分析し，調査した結果を全体に報告する機会を持つことをお勧めしたい。

　本テキストは2014年度から編者が毎年おこなった非営利組織会計論・公会計論の講義資料および拙著（『非営利組織会計の実証分析』中央経済社）による研究成果がベースとなっている。さらに，公会計を研究領域とする研究者が執筆に加わることで，最新の研究成果をテキストとして取り入れている。実際使う立場として，横浜市立大学の学生・大学院生や大阪市立大学の大学院生である夏吉裕貴氏からも意見をいただき，内容を充実させている。

　編者が尻無濱芳崇氏，廣瀬喜貴氏，本川勝啓氏，若林利明氏という同世代の公会計領域に関心をもつ研究者とつながることができたことは，幸運であったとしかいいようがない。5回にわたる公会計テキスト開発研究会では，互いに率直な意見をぶつけ合い，本テキストをより良いものにすることができた。ときに協力し合う仲間として，またときにライバルとして互いに支え合い，競い合えることが，本テキスト執筆の原動力になっている。そして，本テキスト出版にご協力いただいた株式会社中央経済社学術書編集部編集長の田邉一正氏に著者一同，心より感謝申し上げたい。

　本テキストによって，公会計に関する理解と情報利用が促進されることを著者一同切に願っており，今後の日本社会に小さいながらも貢献できることを期待している。

2019年3月

編者　黒木　淳

目　次

はじめに

第1部　本テキストのフレームワーク

第1章　公会計の範囲・機能 ―― 3
1　公会計の範囲・4
2　公会計の機能・8
3　本テキストの構成・14
Exercise　16

第2章　公会計を用いた財務分析の基礎 ―― 17
1　財務分析の基礎・18
2　公会計の分析尺度・21
3　データの取得方法・29
Exercise　31

第2部　公共部門の会計

第3章　政府における予算・決算情報の分析 ―― 35
1　国における会計の概要と法制度・36
2　地方公共団体における会計の概要と法制度・40
3　政府の予算・決算情報を用いた分析・44
Exercise　55

第4章　中央政府における会計制度改革 ——— 57

1　中央政府における公会計改革の動向・58
2　省庁別財務書類と国の財務書類・60
3　国の財務書類の分析・72

Exercise　79

第5章　地方公共団体における「統一的な基準」による財務書類と財務分析 ——— 81

1　地方公共団体における新公会計基準導入の経緯・82
2　「統一的な基準」における財務4表・85
3　地方公共団体（一般会計等のみ）の財務分析・92

Exercise　99

第6章　公営企業における会計と分析 ——— 101

1　公営企業制度の概要・102
2　公営企業会計基準の概要・104
3　公営企業会計の財務分析：自治体病院・110

Exercise　117

第7章　独立行政法人における会計と分析 ——— 121

1　独立行政法人の概要・122
2　独立行政法人会計基準の概要・124
3　独立行政法人の財務分析・133

Exercise　139

第3部 公共サービス提供法人の会計

第8章 公益法人における会計と分析 ―― 143
1 公益法人制度の概要・144
2 公益法人会計基準の概要・147
3 公益法人の財務分析・152

Exercise　158

第9章 社会福祉法人における会計と分析 ―― 161
1 社会福祉法人制度の概要・162
2 社会福祉法人会計基準の概要・163
3 社会福祉法人の財務分析・175

Exercise　182

第10章 学校法人における会計と分析 ―― 187
1 学校法人制度の概要・188
2 学校法人会計基準の概要・190
3 学校法人の財務分析・195

Exercise　202

Column		
	1	行政評価の困難さとEBPM・28
	2	夕張市の財政破綻・43
	3	国際的な公会計基準の動向・71
	4	地方公共団体における連結財務書類の対象範囲・84
	5	地方公共団体における固定資産台帳の整備と活用・88
	6	地方独立行政法人とは・124
	7	国立大学法人とは・126
	8	独立行政法人の旧基準における行政サービス実施コスト計算書・132
	9	社会福祉法人の内部留保問題と社会福祉充実残額算定・174
	10	学校法人の資産運用・195
	11	私立大学における教育研究情報の開示・201

おわりに　205
索　引　207

章末のExerciseの解答は，中央経済社ホームページ（http://www.chuokeizai.co.jp/）の本書掲載欄よりダウンロードできます。ご活用ください。

第1部

本テキストのフレームワーク

第1章　公会計の範囲・機能
第2章　公会計を用いた財務分析の基礎

第1章
公会計の範囲・機能

◆本章の目標
❶ 本テキストが扱う公会計の範囲について説明することができる。
❷ 公会計が持つ機能について説明することができる。

◆本章の概要
❶ 国や地方公共団体，独立行政法人，公営企業などの公共部門の会計を一般に公会計とよぶが，本テキストではこれらに加えて，特定公益増進法人であり，公共部門と連結対象になりうる，公益法人，社会福祉法人，学校法人も含めた公的組織における会計を公会計として定義する。
❷ 公会計は多様な機能を持つ。市民，受益者，債権者，内部管理者，官公庁，議員・議会などが公的組織における会計情報を利用することで，選挙時の投票者の検討，合併時の判断，居住地域の選択，就職先の選択，公債などへの投資案件の決定など，より良い説明と判断を支援する機能がその一例である。

◆キーワード
公共部門，意思決定，情報利用者，公会計情報，
市民，受益者，債権者，投票，合併，非営利組織

◆1◆ 公会計の範囲

　本テキストは，国や都道府県市区町村などの地方公共団体，鉄道事業・水道事業など住民サービスを担う公営企業，住民にとって重要な医療や福祉，教育事業を担う公益法人，社会福祉法人，そして学校法人といった，公共サービスを提供する組織を対象とした会計（公会計）に関するテキストである。近年，日本国内において少子高齢化が進んでおり，公共性の高い組織に対する社会的期待が高まっている。本章は，本テキストがとらえる公会計の範囲と機能について説明し，本テキスト全体の構成を紹介する。

　まず本テキストがとらえる公会計の範囲について説明したい。読者は会計学と聞くと，仕訳の方法や試算表，精算表の作成をイメージするかもしれない。あるいは，財務会計，管理会計，さらには税務会計や監査論，財務諸表分析，企業価値評価など，より専門性の高い内容を思い浮かべることができるかもしれない。しかし，会計学を連想するなかで共通していることは，その前提が営利企業を対象としていることである。本テキストはそのような営利企業の会計を対象としていないことに注意してほしい。

　公会計についての理解を深めるためには，どのような組織の会計を公会計と称するのかについて理解を深めることが必要である。本テキストでは，公共サービスを提供する組織を公的組織とよび，公的組織の会計を公会計として定義している。しかし，そもそも公共サービスとは何であるのかについて定めることが難しく，昨今では，公共サービスを提供する組織の範囲が拡大している。

(1) 公的部門と公会計

　公的組織は主に国や地方公共団体，独立行政法人，公営企業などをその範囲とする。国とは省庁，議会，裁判所などで構成され，具体的な執行は部局ごとにおこなわれている。また，地方公共団体とは都道府県市区町村のことであり，それぞれが互いに独立している。独立行政法人は運営費交付金を中央政府や地方公共団体から受けており，中期計画について設立団体の長の認可を受けることが必要である。さらに，地方公共団体は特別会計などで繰出金を公営企業

に拠出しており，公営企業によって鉄道事業や水道事業などが運営されている。これらの公的組織は一般に公共部門（パブリックセクター）とよばれ，公共部門に含まれる組織を対象とした会計が主に公会計である。

公共部門に含まれる組織は，市場による競争に任せた場合，必ずしもうまく機能しないことが予想される，教育，医療，福祉，文化等の分野において公共サービスを提供している主体である。公共サービスの供給量は，選挙による代表者を通じた間接民主制において，選挙で選ばれた首相や首長，議員によって決定される。行政を司る首相・首長や立法をおこなう議員は国民や市民を代表する存在である。公的部門において，公共サービスを提供するためには歳出予算に対して選挙で選出された議員によって構成される議会で予算の議決と承認を受けることが必要である。選挙で選ばれた者として，首長は国民や市民を代表し，徴税された歳入と歳出で構成される予算を議会に提示すること，また1年間の歳入と歳出結果である決算を議会に報告することが必要である。

(2) 公共サービスの広がりと公会計

公会計は公共部門を対象とした範囲のみであったが，昨今では公共サービスが広がりをみせ，公共部門以外でも公共サービスが提供されるようになっている。その結果，公共部門とそれ以外の民間組織との境界線が曖昧になりつつある。

たとえば，地方公共団体の活動の一部は公益法人が実施することがある。比較的人口の多い市や都道府県の持つ研究所，博物館，美術館などの施設のいくつかは公益法人が運営主体である。また，生存権を保障するための保育や福祉，障害者支援については社会福祉法人が実施責任者である場合が多い。身近な保育所や障害者施設を探せば，運営主体のほとんどが社会福祉法人であることに気づくはずである。

これらの法人が公共性が高い証拠として，法人税等を免税される特定公益増進法人となっていることをあげることができる。税金支払いが本来必要な法人に対して公共サービスを提供してもらう代わりに税金を免除するという，公共部門に代替して公共サービスを提供することとして免税をとらえることができる。さらに，特定公益増進法人には公益法人や社会福祉法人だけでなく，教育

サービスを提供する私立学校の運営主体である学校法人も含まれる。特定公益増進法人は、国や地方公共団体が財務書類を作成する場合、連結決算の対象に加えることもあり、このような観点からも各省庁や地方公共団体、独立行政法人に加えて、公益法人や社会福祉法人、学校法人も公会計の範囲としてとらえることが適切である。

図表1－1は本テキストがとらえる公会計の範囲を要約したものである。従来は、公共サービスの担い手であった中央政府や地方公共団体、独立行政法人、公営企業の会計のみの説明にとどめられていた。しかし、本テキストは、公共サービスの提供主体が広がっているという認識から、公的部門である中央政府、地方公共団体、独立行政法人、公営企業だけでなく、公共サービスを提供する組織を対象として、これらの公的組織の会計を包括的に紹介する。

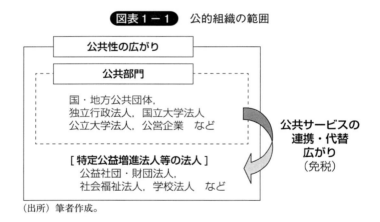

図表1－1　公的組織の範囲

（出所）筆者作成。

(3) 営利企業と公会計

図表1－2は日本の代表的な法人形態を示している。本テキストが公会計として対象とする組織は網掛け部分である。まず、株式会社・合同会社・合資会社・合名会社、特定目的会社、各士業法人は営利目的であることから本テキストの対象ではない。

図表1−2 日本の代表的な法人・組織一覧

法人・組織	根拠法
株式会社・合同会社・合資会社・合名会社	会社法
特定目的会社	各法
各士業法人	士業法
国	財政法
地方公共団体	地方自治法
特殊法人	各特殊法人特別法
独立行政法人	独立行政法人通則法
公営企業	地方公営企業法
一般社団・財団法人	一般社団法人及び一般財団法人に関する法律
公益法人	公益社団法人及び公益財団法人の認定等に関する法律
社会福祉法人	社会福祉法
医療法人	医療法
学校法人	私立学校法
特定非営利活動法人	特定非営利活動法
宗教法人	宗教法人法
職業訓練法人	職業能力開発促進法
自治会	なし
任意団体	なし
組合組織	各組合法
商工会	商工会法
商工会議所	商工会議所法

(出所) 黒木 (2015) から一部を修正し, 筆者作成。

営利目的である法人の多くは企業会計が適用される。企業会計については他にさまざまなテキストがあることから本テキストの対象外であるが, 主に財務会計について紹介すれば, 貸借対照表や損益計算書, キャッシュ・フロー計算書, 株主資本等変動計算書などの財務諸表を作成する点で企業会計は公会計と共通する側面もある。一方, 企業会計は日本では会社法, 金融商品取引法, 法人税法の3つの法体系から説明や解釈がなされる一方で, 公会計は公的組織の根拠法などの別の法体系が存在する点で企業会計とは異なるものである。

また本テキストでは，医療法人や特定非営利活動法人，宗教法人，市民団体，自治会，商工会議所や組合組織も範囲から除いている。これらの組織は公共性の高い活動をおこなっている場合があるが，地方公共団体の連結対象に入ることが希少であること，小規模団体が多くみられること，納税義務を負っていること，独自の会計基準を持たず，企業会計に準拠していることなどがその理由である。

◆2◆ 公会計の機能

(1) 公会計の歴史と機能

本節では公会計の機能について説明する。公的組織が会計情報を作成するためには，作成に携わる従業員の労働時間，従業員に向けた教育，そしてシステム改修のためのコストが必要である。公的組織が会計情報を作成するにあたりよくみられるケースとして，会計情報がまったく活用されることなくコストだけが費やされる状況がある。残念ながら，このような場合，当該組織において会計情報を作成する意義が失われていることが多い。そうならないためにも，公的組織における会計情報の機能を最初に理解しておくことが肝要である。

ただし，公会計の場合，企業外部の利害関係者に情報提供することを目的とした財務会計や，企業内部の経営管理者に情報提供することを目的とした管理会計というような明確な区分は想定されず，さまざまな機能が包括された状態になっていることに注意が必要である。

歴史的には，公会計は内部管理や受託責任に関する機能を中心に議論が展開されてきた。たとえば，国や地方公共団体を対象とした予算決算制度では，予算が適切であるのか，また予算を適切に執行したのかについて，行政が国民に対する受託責任を果たすことを念頭に議論されてきた。特定公益増進法人における会計も同様に，適切な執行管理をおこなっていることを内部の理事や評議員に対して説明するために用いられてきた。公会計における機能として共通しているのは，会計情報を作成することによって，資源の付託を受けた首長や理

事，評議員，中央政府の官僚などの内部者が会計情報を確認することで，より良い内部管理を促すという機能である。

加えて，議員や中央政府，主務官庁などの官公庁に対する報告責任を果たす機能を持つ。官公庁は文脈によって組織内部者にも外部者にもなりえる曖昧な存在である。この点が財務会計と管理会計として明確に区分が可能な企業会計とは異なる。たとえば，地方交付税交付金を受ける地方公共団体は総務省による規制の一環として会計情報を報告することが必要である。地方公共団体と総務省の関係性は互いに独立しているが，地方公共団体における歳入に占める地方交付税交付金の割合の大きさを鑑みれば，両者は一体としてとらえることもできる。同様に，公益法人や社会福祉法人，学校法人は主務官庁に対する会計報告の責任が根拠法に定められている。そして，これらの法人の認可主体が官公庁としての地方公共団体である場合，公的組織はすべて公会計における連結対象に含まれる場合がある。

一方，公的組織における会計情報は，近年では広く市民に対する説明責任の重視とともに，外に開かれるものとなっている。**図表1－3**で示すように，このような動きは，公的組織の管理責任について本来責任を負うべき議員や理事，評議員，中央政府の官僚が確認するだけでは不十分であるという前提に立ち，外部の情報利用者に対して会計情報を広げることで，責任を分担しようとする動きとしてとらえることができる。

図表1－3 公会計情報の流れ

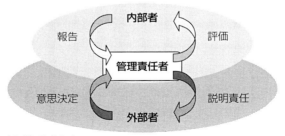

（出所）筆者作成。

(2) 情報利用者と情報利用の場面

　公的組織が公表する会計情報の受け手としては，**図表1－4**に示しているように，市民，債権者，受益者，寄附者，内部の経営管理者，官公庁，議会・議員などを情報利用者の代表例として挙げることができる。これらの情報の受け手は，公的組織から提供された会計情報を用いることによって，運営に対する意見を述べることができる。また，会計情報にもとづいた判断や意思決定に活用することで，自身の持つ経済資源を効率的に使うことができる。

　ただし，会計情報の利用者は公的組織のタイプや文脈によって多くが異なる。たとえば，これらの代表的な情報利用者以外にも，会計報告を受ける議員や監事，市民グループ，マスメディアなど，さまざまな利害関係者が公的組織には存在する。したがって，以下の紹介はあくまで会計情報を使う代表例であることに注意してほしい。実際に，公的組織は外部者と内部者の境界線が曖昧であり，かつ公的組織のタイプや文脈によって外部者と内部者の想定が変化する場合がある。そこで，情報利用者と情報利用に関しては，各章において細かく紹

図表1－4　情報利用者における情報利用の場面

情報利用者	情報利用の場面（例）
市民 （納税者・有権者など）	・居住地の選択 ・地方公共団体の合併に対する賛否の決定 ・選挙候補者の投票
債権者	・公債の安全性から資金拠出先の選択 ・利息の妥当性の算定
受益者	・図書館や文化施設，体育施設などの選択 ・福祉施設や介護施設，保育所などの選択
寄附者	・ふるさと納税等の拠出先の選択 ・寄附先の選択
内部の経営管理者	・執行管理 ・業績評価 ・新事業・政策立案
官公庁	・行政指導・監督 ・補助金に対する選定と執行監査
議会・議員	・予算・決算の承認 ・行政の管理監督

（出所）筆者作成。

介している。

① 市民（納税者・有権者など）

市民はどのような公的組織においても共通する情報利用者である。市民は所得税や住民税などを支払う納税者であるとともに，有権者や債権者，受益者，寄附者にもなりえる存在である。ここでは市民を所得税や住民税などの税金を支払う納税者や，選挙権を持つ有権者として注目した場合，以下のような会計情報の利用の場面が想定される。

まず居住地の選択である。読者が転居を考えており，複数の市区町村で転居先を悩んでいる場面では，立地や地価での選択が考えられるが，文化・教育・福祉・医療等の公共サービスの程度について会計情報を用いて分析することで，より良い判断材料を得ることができる。一方，転居予定のない読者にとっても，選挙の場面で会計情報が役立つ。人口減少社会にある日本のなかでは，今後，選挙時に合併の判断などの住民判断をシビアに問うものが発生することが予想される。そのような場面で，公的組織から提供された会計情報は選択の根拠のひとつとなるであろう。

② 債権者

公的組織は国債や公募地方債を発行することで資金を得ている場合がある。特に国債や公募地方債などは倒産しないことが前提となっているが，昨今では地方公共団体や関連組織について合併することがある。会計情報を用いることによって，公債を持つか否か，どの公的組織に自身の資源を提供するのかについて判断することができよう。

また，公的組織の公債をすでに有している場合，自身の公債や貸付金が無事期日に償還されるか否かについて検討することが必要であろう。償還できないリスクが高まった場合には，中途解約による損失と拠出額を失う損失とを比べ，どのように対応するのか意思決定しなければならない。

③ 受益者

市民は国や地方公共団体の供給する公共サービスを享受する受益者としての

一面を持つ。とりわけ文化・教育・福祉・医療等の公共サービスを選択することは，日々の生活に直結する問題となりうる。

　受益者としての判断が求められる場面について，文化施設や体育施設の統廃合の検討が一例である。身近な文化施設や体育施設の統廃合について検討が必要になった場合，会計情報を用いることで，当該施設がどのような状況であるのか，改めて見直すことができよう。さらに，子どもを預けるために保育所を探す場面や，両親の介護のための福祉施設を探す場合にも，公的組織における会計情報は判断材料を提供するであろう。

④　寄附者

　地方創生の一環として，ふるさと納税が進んでいる。ふるさと納税とは，お世話になった地域や応援したい地方など，好きな地方公共団体に寄附金を贈ることができる制度のことである。多くの地方公共団体では「返礼品」が用意されており，寄附金は確定申告によって税額控除を受けることができる。

　ふるさと納税として寄附された資金がどのように用いられているのか。また，適正に用いられているのであろうか。地方公共団体によっては，寄附金の「使い道」を寄附者が選べる制度があり，会計情報を用いることで，適正な「使い道」に使われているのかどうかについて確認することができる。とりわけ，昨今，ふるさと納税に関する返礼品や使途の不透明さ，非効率性が社会的課題になっており，会計情報をさらに活用することが必要であろう。

　ふるさと納税以外にも，公的組織を対象として，寄附金を提供する場面があるかもしれない。たとえば，母校や関係した組織の周年事業の場面で寄附が求められることがある。このような場合，公会計情報を用いることで，寄附先として妥当であるかを判断したうえで選択できる。

⑤　内部の経営管理者

　会計情報を活用する内部の経営者あるいは経営管理者として，公的組織の首長や理事，事務局などの責任者を挙げることができる。公的組織における経営管理者は，公的組織における外部の利害関係者に対して，公共サービスとして再配分する執行管理について受託責任を持つ。公的組織による会計情報は，経

営管理者が持つ受託責任を果たす一助として機能する。

　また，会計情報は受託責任を果たすことに加えて，公的組織の経営管理者に対する業績評価にも活用されることがある。経営管理者に対して業績評価をおこなう場合，営利企業のように売上高や利益だけで評価することは難しいが，何にいくら費やしたのか，インプットとしての分配面に注目することが参考になる。次章で詳しく説明するが，この公共サービスのコスト配分に関する情報はサービスコストとよばれ，成果情報とともに活用されることが望まれる。

⑥　官公庁

　官公庁は，各法人形態に対しての規制によって，財務書類や決算書の提出を受ける主体である。公共サービスの提供にかかわる特定公益増進法人に対して官公庁は監督機関としての役割を担っている。たとえば，社会福祉法人や初等中等教育に関する学校法人に対して，都道府県などの地方公共団体は監督をしている。もしこれらの法人が適切ではない運営をおこなった場合，官公庁は指導をおこなわなければならない。このような問題は早めに対処しておくことが望ましく，提出を受けた法人の財務状況を確認しておくことが必要である。

　また，公共サービスの広がりとともに，官公庁は補助金を特定公益増進法人に提供している。官公庁には，補助金の選定先である法人が適切に公共サービスを提供し続ける能力があるのかについて査定をおこなうこと，また提供された補助金が適正に用いられたのか否かについて確認することが求められる。公的組織における会計情報を用いることによって，補助金について事前と事後に能力と適正さを確認することができる。

⑦　議会・議員

　財政が悪化している国や地方公共団体において，議会が財政を監督する重要性が増している。行政が予算を適正に配分しておらず，効率的な財政運営をおこなっていないと議会に属する議員が判断した場合，首相・首長や行政責任者に対して厳しく追及していくことが必要である。議員が予算と決算を確認する場面において，会計情報を用いることで，行政責任者による運営状況を探ることが可能である。

同様に，公共サービスを提供し，国民や市民に対して幅広く影響を与える独立行政法人をはじめとした特定公益増進法人に対しても財務状況の確認は必要である。これらの法人による公共サービスが持続可能であるのか否かについて，会計情報を用いた公共サービスの効率性と財務健全性を確認し，限られた財源のなかで公共サービスを維持できるのか見きわめることが必要となる。

◆3◆ 本テキストの構成

　本テキストはこれまで述べた公会計の範囲と機能にもとづき，**図表1－5**のように構成する。第1節で説明したように，読者が公的組織における会計情報を分析できること，および公共部門だけでなく，公共サービスの広がりの観点から多様な公的組織を対象にすること，という2つの問題意識に本テキストはもとづいている。したがって，各章は，組織ごとに適用される会計基準を解説するだけでなく，情報利用者による判断や意思決定のための分析方法についても説明している。また，公共サービスの広がりの観点から，公益法人や社会福祉法人，学校法人も含めている。

　公会計の範囲と目的を紹介した本章に続く第2章では，公的組織の会計情報を分析するために，情報をどこで入手でき，どのように分析できるのかについて説明する。本章と第2章は，読者が公的組織の会計情報を分析できるようになるためのフレームワークを提示する位置づけである。

　第3章から第7章までは，公共部門に含まれる組織を対象にした会計と分析についてである。第3章では，内部管理と議会への説明という2つの目的で作成されてきた政府における予算と決算制度について説明する。ここでの政府とは，中央政府と地方公共団体の2つを含意している。また，第4章では中央政府，第5章では地方公共団体を対象に，会計制度改革や新公会計基準の導入について紹介し，分析方法について例示する。第6章では多くの地方公共団体において特別会計に含まれる公営企業の会計と分析を，第7章ではイギリスのエイジェンシー制度を参考にして導入された独立行政法人の会計と分析について紹介する。これらの組織の会計と分析について理解することで，公共部門の会

図表1-5　本テキストの構成

```
第1部　本テキストのフレームワーク
　第1章　公会計の範囲・目的
　第2章　公会計を用いた財務分析の基礎

第2部　公共部門の会計
　第3章　政府における予算・決算情報の分析
　第4章　中央政府における会計制度改革
　第5章　地方公共団体における「統一的な基準」
　　　　　による財務書類と財務分析
　第6章　公営企業における会計と分析
　第7章　独立行政法人における会計と分析

第3部　公共サービス提供法人の会計
　第8章　公益法人における会計と分析
　第9章　社会福祉法人における会計と分析
　第10章　学校法人における会計と分析
```

(出所) 筆者作成。

計と分析についてマスターすることができる。

　その後，公共部門以外での公共サービスの広がりにより，公共サービスを提供する法人の会計と分析について紹介する。具体的には，第8章で公益法人の会計と分析を，第9章で社会福祉法人の会計と分析を，第10章で学校法人の会計と分析について財務分析の事例を用いながら説明する。

　本テキストでは，各章ごとに，具体的な法人を分析する事例を用いて公的組織の分析方法を解説している。第3章および第4章は中央政府であることから，日本政府の財政事情について説明している。同じく第3章および第5章では地方公共団体における公会計の財務分析を取り上げるため，政令指定都市の比較をおこなっている。第6章では公営企業としての公立病院を取り上げている。第7章では独立行政法人が運営する博物館および美術館を，第8章では下水道事業を公益法人としておこなう下水道公社を紹介している。第9章では東北地方に所在する2つの社会福祉法人を事例として財務分析の方法を解説している。第10章では早稲田大学と慶應義塾大学の2つの大学を財務の視点からと

らえ，財務分析の方法を解説している。

◆ Exercise ◆

1-1　文言問題
(1) どのような組織が公会計の対象となるかについて説明しなさい。
(2) 公的組織にとって会計情報はなぜ必要なのかについて説明しなさい。

1-2　論述問題
公会計はだれがどのような場面で用いることができますか。たとえば以下の情報利用者による会計情報の活用方法について述べなさい。
(1) 市民（納税者）
(2) 債権者
(3) 内部の経営管理者

◆参考文献

黒木淳．2013．「非営利組織会計の現状と課題：会計の基本目的を中心に」『経営研究』63(4)：149-171．
黒木淳．2015．「非営利組織体の分類と基本目的」日本経営分析学会『経営分析事典』：357-361．
黒木淳・廣瀬喜貴．2018．「地方公会計における会計情報ニーズに関する実証分析」『YCU Discussion Paper Series』18-M-1．
日本会計研究学会特別委員会．2016．『新しい地方公会計の理論，制度，および活用実践』．
Broadbent, J. and J. Guthrie. 2008. Public sector to public services：20 years of "contextual" accounting research. *Accounting, Auditing & Accountability Journal* 21 (2), 129-169.
財務省「特定公益増進法人」ウェブサイト．
内閣府ウェブサイト．

第2章
公会計を用いた財務分析の基礎

◆本章の目標
　❶　財務分析の基礎について説明することができる。
　❷　公会計における分析尺度の考え方について説明することができる。
　❸　公的組織の会計情報を取得することができる。

◆本章の概要
　❶　公会計を用いた財務分析をおこなう場合，企業会計における財務諸表分析と同様に，だれが分析結果を用いるのかについて視点を定め，目標値の設定，時系列分析，クロス・セクション分析などの方法を用いることができる。
　❷　公的組織における会計情報を用いた分析では公共サービス提供の程度が重視され，公共サービス提供の制約となる財務健全性も重要な尺度となる。また，非財務情報としての成果情報を補足的に確認することも重要である。
　❸　公的組織では会計情報の開示が進んでいる。各法人のウェブサイトだけでなく，国のウェブサイトなどで会計情報が取得できるよう整備されている。一部の法人では集計されたデータを一括でダウンロードして分析することも可能である。

◆キーワード
　公共サービス提供の程度，財務健全性，時系列分析，クロス・セクション分析，成果情報，情報開示，ウェブサイト

◆1◆ 財務分析の基礎

　本章では，公的組織における会計情報を用いた財務分析をおこなう方法について解説する。財務書類もしくは決算書を用いた分析を，本テキストでは財務分析と称している。公的組織を対象とした財務分析は，企業会計の財務諸表分析に類似している点があり，本テキストでは参考にしている。本節では，基礎的な財務分析の方法について説明し，次節において公的組織における会計情報を用いた特有の分析尺度について解説する。

(1) 視点の特定　—だれが会計情報を使うのか—

　財務分析をおこなう場合，どのような立場の視点から分析するのかについて特定しなければならない。企業会計の場合，代表的な情報利用者は必然的に投資家や株主であろう。投資家や株主は投資先の企業を探すため，あるいは自身が所有する株式の収益性を確認するために会計情報を利用する。また，投資家や株主以外の情報利用者として，債権者が考えられる。債権者は債務者に対して会計情報を確認することで，業績が良くない場合，利率を高く設定することや，債務契約を結んだあとに調査をおこない，最悪の場合は経営に介入することが必要であるかもしれない。

　しかし，公的組織における会計情報の利用者は，投資家や株主などの所有者が情報利用者として存在しない点で，営利企業の情報利用者とは異なる。前章で紹介したように，市民，債権者，受益者，寄附者，内部の経営管理者，官公庁，および議会・議員が主な情報利用者として考えられる。このなかで，会計情報の利用者が異なれば，会計情報を活用する方法は異なる。たとえば，読者が市民（有権者）として会計情報の利用者である場合，選挙の場面において会計情報を活用することができるであろう。また，債権者である場合，公募地方債購入の意思決定に活用することができる。さらに，受益者である場合，当人もしくは当人の利害関係者が利用する施設を確認する目的で活用できるであろう。もし内部の経営管理者である場合，受託責任の履行や事業の内部管理のために会計情報を用いることになるかもしれない。

図表2-1 会計情報の利用者（例）

> 市民（納税者・有権者），債権者，受益者，
> 寄附者，内部の経営管理者，官公庁，議会・議員

(出所) 筆者作成。

図表2-1で例示するように，公的組織における会計情報の利用者はさまざまに想定することができる。会計情報を用いた分析をおこなう主体によって判断すべき事象が異なるため，自らがどのような立場から公的組織を分析するのかを特定することが分析の出発点となる。公的組織は多様であり，公的組織によってさまざまな情報利用者を想定できることから，本章では概略を説明するにとどめ，各章で例示しながら詳述している。

(2) 分析方法の選択　－どのように分析するのか－

公的組織における会計情報を用いて財務分析をおこなう場合，特定の公的組織を対象として1年間の財務書類や決算書を確認するだけでは不十分である。1年間の財務書類や決算書の数字は当該1年度の経営状況や期末の財政状態に関することを教えてくれるが，そのような会計数字は良いのか悪いのか，また当該組織の成果であるのか景気動向等を反映したものなのかについては判明しない。

そこで，財務分析をおこなう場合，①目標値との比較，②時系列分析，③クロス・セクション分析の3つを考慮することが必要となる。たとえば，図表2-2は同規模・同業種のA団体，B団体，C団体の何らかの値を比較している。縦軸は高ければ高いほど優れている何らかの値であるとし，横軸には2013年度から2017年度までを時系列で示している。

① 目標値（ベンチマーク）との比較

目標値（ベンチマーク）の設定とは，各指標や金額を対象に目標値を定め，目標値と実績値とを比較する方法である。目標値の設定は，同業種同規模で最良の結果を出す組織を選定する方法や，過年度の業績推移から設定する方法などがある。

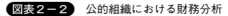

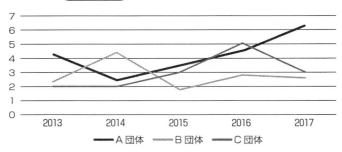

（出所）筆者作成。

　図表2－2のB団体，C団体では，2017年度のみを確認した場合，A団体に比較して低い値にとどまっていることから，2018年度の目標値の設定にさいしてはA団体を参考にすることが考えられる。

② 時系列分析

　当該年度の業績が良かったからといって，それが独自の経営行動による成果であるのか，景気変動やその他要因の異常な影響を受けたものであるのかについては1年間では判別できない。時系列分析とは，業績動向に注目して数年間の業績の変化を分析する方法である。

　図表2－2のように，2013年度から2017年度までを示すことによって，A団体は2014年度から2017年度まで伸びていることがわかる。このように，時系列推移によって，財務数値の傾向を明らかにすることができる。ただし，時系列分析は外部環境要因に左右されることがあり，クロス・セクション分析と同時におこなうことが望ましい。

③ クロス・セクション分析

　クロス・セクション分析とは，企業間比較をおこない，相互に比較して，外部環境要因の影響を捨象された分析方法である。外部環境要因による数値の変化は同業種であればほかの組織も同じであるため，クロス・セクション分析では比較結果をみることによって，当該業績の良し悪しを判断することができる。

図表2－2のA団体における2017年度業績は過年度と比べて増加しているが，これが景気の影響などの他の影響を受けたものであると考えられるかもしれない。しかし，同規模同業種のB団体およびC団体における同時期の業績が低下していることから，A団体の業績向上は経営努力による可能性が高いことを推察することができる。

◆2◆ 公会計の分析尺度

　本節では，公会計の分析尺度について解説する。営利企業を対象に財務諸表分析をおこなう場合，損益計算書上に存在する営業利益，経常利益，当期純利益という3つの利益を利用することが多い。投資家や株主はこれらの利益情報を参考にして，投資意思決定をおこなっている。決算公表日に投資家が驚く期待外の情報が公表された場合，株価に異常な反応がみられる。加えて，営利企業ではデフォルト・リスクを算定するために安全性が重視される側面もある。たとえば，流動資産を流動負債で除した流動比率などを用いて，将来デフォルトの発生を予想し，債権者は利率や回収時期を変更することがある。
　一方，公的組織は公共サービスを提供することに存在価値があり，公共サービスの提供を維持・向上し続けることが課題となる。したがって，公会計の分析尺度では，インプット情報として公共サービスに関連する事業に費やした費用を公共サービス提供量として示すことが重要であり，営利企業とは異なる。公的組織において本来重視すべきはインプットから生み出された成果に関する情報であり，これらの情報はアウトプットやアウトカムと称される。成果情報は論者や専門分野によって定義が異なるが，アウトプットとは提供された財・サービスの生産単位のことを示しており，アウトカムとは財・サービスの（質的内容を含む）結果や成果を示していることで共通している。
　たとえば，図表2－3はインプットからアウトカムまでの一連の流れについて示している。犯罪防止に関する事業をおこなうプロジェクトで説明すると，インプットは当該事業に関する事業費，人件費，経費が該当する。また，非財務情報で示すと，当該事業に携わる従業員の総数や労働時間などが該当する。

図表2−3 インプットからアウトカムまでのロジック・モデル

・投入した資源　　・提供されたサービスや　・サービスの（質的含む）
　　　　　　　　　　生産単位　　　　　　　　結果や成果

(出所) 松尾 (2010), Poister (2003) を参考に筆者作成。

インプットを用いて事業が実施されることで，公的組織はアウトプットやアウトカムなどの成果を生み出すことが可能となる。犯罪防止のプロジェクトの場合，犯罪数がアウトプットとなり，その結果生み出された成果として住民への評判や損害の減少がアウトカムである。犯罪防止以外のプロジェクトにおいて，教育に関する事業をおこなうケースでは，インプットは同じく事業費，人件費，経費であり，アウトプットは生徒数や学生数，出席数，退学数などがあり，アウトカムとしては学習到達度や満足度などがあるであろう。

　このように，アウトプットやアウトカムが測定可能である場合は，インプットとアウトプットやアウトカムを対応させることで，組織の効率的な資源活用の程度を測定することが可能である。しかし，アウトプットやアウトカムについて測定が難しい場合もある。また，たとえアウトプットやアウトカムの測定が可能である場合においても，さまざまな要因がアウトプットやアウトカムに影響を与えていることが予想されることから，公共サービスによる純粋な成果のみを抽出することは困難であることがある。

　そのような場合，公的組織における会計情報を用いることで，公共サービスに対する努力の程度を測定することができる。アウトプットやアウトカムの測定可能性にかかわらず，アウトプットやアウトカムと関連するインプット情報に関して，公共サービスに対するインプットを最大化したか否かを観察できるようにすることが，公的組織における会計情報の機能である。

　このように，公会計の財務分析における指標には，公共サービス提供の程度（努力水準）がある。さらに，その制約条件として，公共サービス提供の程度を継続できる能力を示す財務健全性があり，公共サービス提供の程度と財務健全性の2つについて以下で紹介する。ただし，公的組織ごとにこれらの財務分

析で用いる指標が異なることから,具体的な財務分析と財務指標についての詳細は各章を参照してほしい。

(1) 公共サービス提供の程度（努力水準）

本テキストは,公共サービスに向けられたインプットの程度を示したものを「公共サービス提供の程度（努力水準）」として定義する。公共サービス提供の程度（努力水準）とは,公的組織が公共サービス提供量を増やせば増やすほど,公共サービスに関連する費用が増加することを仮定した尺度のことである。**図表２－４**は公的組織における代表的な費用の内訳を示している。公共サービス提供量を増加させるためには,公共サービスに向けた事業費などの公共サービスに直接関係ある費用の割合を増加させることが必要である。一方,管理費などの事業に付随する費用は最小限でおこなうことが望まれる。また,営利企業における利益に類似する収支差額は,将来における公共サービス提供の程度の継続性に関わることから,財務健全性に含まれる。

図表２－４　公共サービス提供の程度の考え方

```
                    ┌─公共        ┐
公共サービス提供の程度 │ サービス    │
                    │ に向けた    │ 総費用      総収益
                    │ 事業費      │            (事業収益, 寄附金,
                    ├─────────────┤             補助金など)
                    │ 管理費      │
                    ├─────────────┤
財務健全性の１つ     │ 収支差額    │
                    │ (剰余金)    │
                    └─────────────┘
```

（出所）筆者作成。

たとえば,本テキストの読者が居住している地方公共団体について,納めた税金のほぼすべてが公務員の人件費や管理費に費やされたことが明らかになった場合,そこに住み続けたいと思うであろうか。同様に,寄附金として公益法

人に拠出した金額のなかでほぼすべてが組織内部の人件費や管理費となっていた場合，あるいは私立の小学校から大学まで授業料として納付した資金すべてが人件費や管理費の一部に組み込まれる役員報酬となっていた場合，そのような公益法人や私立学校への信頼に影響を与えるであろう。

　このような意味で，公共サービス提供の程度は，組織内の資源配分の効率性を意味している。公共サービス提供により多くの努力をおこなう公的組織に対してより多くの資源が集まれば，公共サービスが効率的に社会に提供されることになる。成果情報としてのアウトプットやアウトカムとインプットとしての公共サービス提供の程度との対比があればなおよいが，アウトプットやアウトカムについては情報入手が難しい場合が多い。そのような場合，アウトプットやアウトカムと関連するインプット情報としての公共サービス提供の程度を示す，サービスコストを含むコスト配分に関する情報が優れた尺度となるであろう。

　本テキストでは，**図表２－５**を代表例とした指標が各章で使用されている。これらは公共サービスを提供する公的組織のあいだでクロス・セクション分析をおこなうことで，情報利用者にとって有益な判断材料となるであろう。各章ではこれらの指標を用いた分析事例と詳しい解説を収録している。

図表２－５ 公共サービス提供の程度に関する指標

法人形態	指標	算定方法
国・地方公共団体	歳出内訳率	目的別歳出÷歳出
	１人当たり純行政コスト	純行政コスト÷住民基本台帳人口
公営企業（公立病院）	職員給与費比率	職員給与費÷医業収益
	材料費比率	材料費÷医業収益
独立行政法人	人件費比率	人件費÷総収益（サービス活動収益）
社会福祉法人	事業費比率	事業費÷サービス活動収益
公益法人	公益目的事業比率	公益目的事業費÷総費用
学校法人	教育研究経費比率	教育研究経費÷教育活動収入

（出所）各章をもとに筆者作成。

(2) 財務健全性

　財務健全性は公共サービスを提供することについて継続できる能力のことである。公的組織においてすべての分析尺度が財務健全性として名づけられているわけではないが，ほとんどの分析尺度は財務健全性に含まれる尺度としてとらえることができる。日本の公的組織では，公共サービスを提供し続けられるか否かが最も重要な論点となっており，公的組織における会計情報を用いた分析においても，財務健全性に関する多種多様な分析尺度が提示されている。

　たとえば，メディアや新聞を通して日本政府の財政は頻繁に議論されている。地方公共団体における選挙の場面では当該都道府県市町村の健全性が議論になっている。社会福祉施設の選択のように，受益者がサービス提供者を選択できる場面では，サービス提供内容に注視すべきではあるが，倒産する法人が増加していることから，サービスを提供し続けることができるか否かについて考えることが重要となっている。

　財務健全性は多様な尺度で成り立っており，明確に定義することは難しい。以下では，財務諸表分析で用いられる収益性や安全性，また非営利組織特有の収入源の多様性の3つを例示し，財務健全性の観点からみた公的組織の分析方法について紹介する。

① 収益性

　第1に，収益性とは，活用した資本に対して稼得できた利益のことを示している。少ない資本でより多くの利益を生み出すことが営利目的の企業活動にとっては重要であるため，収益性を高めることは企業活動の1つのゴールといってよいであろう。営利企業における財務諸表分析の場合，ROE（Return on Equity）やROA（Return on Assets）などの尺度を算定し，同規模・同業種の法人間でクロス・セクション分析することによって，当該企業における収益性をとらえることができる。

　一方，公的組織の場合，収益性を高めることが必ずしもよいことではない。すなわち，収益性を高めすぎた結果として，本来おこなわなければならない公共サービスの提供が疎かになることは避けることが必要である。他方，安定的

に公共サービスを提供するためには，利益が赤字であることも避けなければならない。純資産が底をついた場合，どれだけ公共サービスが良いものであったとしても，継続的に公共サービスを提供できなくなるからである。収益性は高すぎないが，利益が赤字にはならないような組織運営が重要である。

② 安全性

第2に，安全性とは，財務上の支払能力を測定した指標である。これは公的組織においても同様である。公的組織は投資家からの資金調達ができないため，公債を発行し，また金融機関から借入れをおこなう場合がある。このような場合，当該組織が倒産しないかどうかを調査することが必要であり，支払能力を確認することが望ましいであろう。

また，公的組織の場合，たとえ貸し借りなどの契約がなかった場合であっても，公共サービスの提供がストップすることによる影響は甚大である。地方公共団体や社会福祉施設が突然倒産し，翌日から公共サービスをまったく享受できなくなるようなことを避けることは必至である。公的組織における公共サービスが継続的に提供されることについて注視しなければならない。

③ 収入源の多様性

最後に，収入源の多様性についてである。収入源の多様性とは，公共サービスを安定的に提供するためには，収入源が単一ではなく，多様であることが望ましいとする考え方である。もし単一の収入源を持つ公的組織が何らかの理由によって収入源を喪失した場合，当該組織の財政運営は非常に困難なものとなる。多様な収入源が存在することによって，1つの収入源について厳しい局面を迎えた場合であっても，公共サービスの提供に影響を受ける程度を緩和することが可能である。

たとえば，ある地方公共団体が収入源を地方税に頼っていたとすると，人口減は収入源に直結し，公共サービスの提供量は低下することが予想される。また，独立行政法人や公益法人，社会福祉法人の財政運営について中央政府や地方公共団体からの補助金に頼っていた場合，補助金が減額ないし除外されることは公共サービスの提供に致命的な影響をもたらすことになる。さらに，日本

の私立学校は収入源の多くを授業料に依存しており，学生生徒等の人数の減少は提供する教育サービスの減少に直結する。したがって，公的組織においては，主要な収入源以外の収入源を確保しておくことが望ましい。

このような考え方のもとで，公的組織では，営利企業における収益性，安全性に近い指標，また収入源の多様性に関する指標が数多く設定されている。さ

図表２−６ 財務健全性に関する指標

法人形態	測定概念[1]	指標	算定方法
国 地方公共団体	収益性	赤字比率	実質赤字額÷標準財政規模
	安全性	公債依存度	公債新規発行額÷歳出合計
		将来負担比率	（将来負担額−調整額）÷（標準財政規模−調整額）
		国民・住民１人当たり資産額	資産合計÷人口
		資産老朽化比率	償却資産の減価償却累計額 ÷ 償却資産の取得原価
		資産負債（純資産）差額比率	資産負債差額（純資産）÷資産
		将来世帯負担率	地方債額÷（有形固定資産＋無形固定資産）
		国民１人当たり負債額	負債合計÷人口
公営企業 （公立病院） 独立行政法人 公益法人 社会福祉法人 学校法人	収益性	総資産経常収支差額比率	経常収支差額[2]÷総資産
	安全性	流動比率	流動資産÷流動負債
		純資産比率	純資産÷総資産
		当年度国民負担比率	１−自己収入割合
	収入源の多様性	事業収入比率	事業収入÷総収入
		補助金比率	補助金収入÷総収入
		寄附金比率	寄附金÷総収入

(注１) 測定概念はあくまで本章の財務健全性概念にもとづいて整理しており，各章の測定概念の名称と異なっている点に注意されたい。たとえば，国・地方公共団体における測定概念は，収益性や安全性ではなく，資産形成度，世代間公平性，持続可能性などで説明されている。
(注２) 経常収支差額の名称は各公的組織によって異なることから，各章を参照されたい。
(出所) 筆者作成。

らに，多くの公的組織では，財務健全性をさらに詳細に区分することで，工夫を凝らした指標が提示されている。詳しくは各章において詳述するが，その代表例を**図表2－6**で示している。

> **Column ①　行政評価の困難さと EBPM**
>
> 　インプットからアウトカム，そしてインパクトまでのロジック・モデルによる政策の可視化は，経済性（economy），効率性（efficiency），有効性（effectiveness）を示す3Eの観点，あるいは VFM（value for money）の観点から業績を検証するうえでも重要視されている。アウトカムは効果の発動の期間によって，短期・中期・長期に区分されることがあり（Poister 2003），アウトカム情報は行政評価や業績監査などで活用され，国民や市民に対する説明責任を向上させるものである。
>
> 　しかし，政策のロジック・モデルについて，アウトプットやアウトカム，インパクトに関する指標の設定について具体的に何を挙げるかが課題となる。たとえば，OECD（2017）は，経済指標としての GDP だけではなく，幸福度や暮らしの質を独自に指標化し，調査している。そこでは，幸福度指標として，主観的幸福，所得と富，雇用と収入，住宅，ワークライフバランス，教育と技能，社会とのつながり，市民生活とガバナンス，環境の質，個人の安全を挙げている。一方，Steglitz et Al.（2009）は，経済成果と社会発展の指標開発委員会報告書において，GDP に代わる富と社会発展の指標として，物質的生活水準，健康，教育，個人の社会活動，政治的発言力と統治，社会的つながりと関係性，環境，経済的・物理的な安定の項目を挙げている。
>
> 　加えて，最近では，アメリカやイギリスをはじめ，世界各国で政策立案において EBPM（evidence based policy making）を重視している。EBPM とは，政策オプションのなかから政策を探索・選択・決定する際に最も有用なエビデンスを明確に活用することである。一般に，EBPM のエビデンス（evidence）とは因果推論を意味している。政策実施によって事前と事後で政策目標である指標がどのように変化したのか，当該指標の変化分に代表されるインパクトをエビデンスとして評価し，最もインパクトの大きな政策を選択することが EBPM では期待されている。わが国や諸外国における政府の財政危機が深刻化するなかで，コストに対して最大の成果を生む，効率的な政策選択が必要である。

◆3◆ データの取得方法

近年,公的組織における会計情報の開示が進み,データが取得しやすくなっている。具体的には,総務省統計局をはじめとした官公庁による情報開示の取組みによって,情報の集約化と開示という一元管理が積極的におこなわれるようになっている。公的組織が自主的に開示する会計情報についても同様の傾向がみられ,2000年代から急速に情報開示が進んでいる。

公的組織における会計情報を取得する方法は大きく分けて2つある。第1は,当該公的組織を管轄する官公庁のウェブサイト(ポータルサイト)を確認し,会計情報ほかの各種情報を集約するポータルサイトから情報を得ることである。たとえば,総務省統計局が中心となり集約している e-Stat(政府統計の総合窓口)では,国勢調査の結果をはじめとした各種情報を簡単に入手することが可能である。e-Stat は,日本の政府統計関係情報のワンストップサービスを実現するために,2008年から政府統計のポータルサイトとして運用されており,「統計調査等業務の業務・システム最適化計画」にもとづく。e-Stat からは図表2-7の手順により,地方公共団体の決算情報を取得できる。

図表2-7 e-Stat からの情報検索手順

1) 「都道府県・市区町村のすがた(社会・人口統計体系)」のウェブサイトに入る。
2) 「地域別統計データベース」を選択する。
3) 「地域」を選択する。
4) 「項目」から,決算情報に関する項目を選択する。
5) 統計表を出し,「年度」を選択する。
6) 希望するファイル形式で保存する。

(出所)筆者作成。

図表2-8は,公的組織ごとに会計情報を取得する方法を掲載している。財務分析をおこなうためには,本図表でおこなうように,何らかの方法で会計情報を取得しなければならない。

たとえば,公益法人は「公益社団法人及び公益財団法人の認定等に関する法律」の規定にもとづいて,公益法人の活動の状況などについて調査をおこなっ

図表2−8 公的組織における会計情報の取得方法

公的組織	取得先
国	・財務省ウェブサイト 「予算・決算（国のお金の使い道）」 「国の財務書類（省庁別・一般会計・特別会計，政策別コスト情報・個別事業のフルコスト情報）」
地方公共団体	・e-Stat「都道府県・市区町村のすがた（社会・人口統計体系）」 ・総務省ウェブサイト（決算カード・地方公会計の「見える化」等） ・横浜市「大都市比較統計年表」 ・各地方公共団体のウェブサイト（決算カード等）
公営企業	・地方公営企業年鑑の第2編，統計資料のなかの第3章，事業別のページ ・各企業のウェブサイト
独立行政法人	・各法人のウェブサイト
公益法人	・「公益法人の概況及び公益認定等委員会の活動報告」における「集計に用いたデータ」 ・「公益法人 information」 ・各法人のウェブサイト
社会福祉法人	・独立行政法人福祉医療機構「社会福祉法人の財務諸表等電子開示システム」 ・各法人のウェブサイト
学校法人	・私立大学を有する学校法人のウェブサイト

(出所) 黒木（2018）をもとに一部加筆修正し，筆者作成。

た結果を毎年『公益法人の概況及び公益認定等委員会の活動報告』としてまとめている。この報告書は公益認定等委員会が運営する「公益法人 information」に掲載されており，当該ページを検索し，『集計に用いたデータ』を確認することで，すべての公益法人に関するデータを取得することができる。このデータにない項目については，「公益法人 information」から事業報告等の閲覧請求をすることができ，指定された期日までに回答を得て閲覧することができる。個別の地方公営企業についての財務諸表ほか詳細なデータは，総務省ウェブサイトにある地方公営企業年鑑の第2編，統計資料のなかの第3章，事業別のページに個票として掲載されている。さらに，社会福祉法人は独立行政法人福祉医療機構が電子開示システムを運用しており，社会福祉法人における現況報告書が集約化されている。

それ以外の公的組織は，各ウェブサイトに財務や会計に関する情報を開示し

ている傾向にある。したがって，第2の会計情報を取得する方法として，公的組織の各ウェブサイトを閲覧し，財務や会計に関するページを探索することがある。地方公共団体で決算情報以外を用いたい場合，また独立行政法人，公営企業，社会福祉法人，学校法人のデータを得ることを希望する場合は，各ウェブサイトを閲覧し，会計情報を検索することが情報取得の近道である。地方公営企業の場合，個々の地方公共団体のウェブサイトに掲載されている「決算報告書その他の財務諸表」を見る必要がある。このように，近年おこなわれた情報開示に関する規制強化によって，各法人は自身のウェブサイトに会計情報を掲載することを実質的に強制化されているため，容易に情報を取得することができる。

2－1　文言問題
(1)　公会計を用いた財務分析をおこなう場合，注意すべきことを説明しなさい。
(2)　公会計の分析尺度について，公共サービスの程度と財務健全性の2つの側面から説明しなさい。

2－2　計算問題
以下の会計情報から公共サービス提供の程度と財務健全性に該当すると考えられる指標の値を算定しなさい。

費用内訳	金額（千円）
経常収益	240,000
事業費	100,000
人件費	120,000
経費	30,000
経常利益	-10,000

(1)　公共サービス提供の程度
(2)　財務健全性

2-3 経営判断問題

2-2の会計情報を参考にして，翌年度に向けた当該公的組織の課題と方向性について述べなさい。

◆参考文献

黒木淳．2017．「公会計情報と証拠に基づく政策立案（EBPM）：課題と新たな可能性の考察」『横浜市立大学論叢』69（3）:13-30．
黒木淳．2018．『非営利組織会計の実証分析』中央経済社．
財務省『国の財務書類（省庁別，一般会計・特別会計，政策別コスト情報・個別事業のフルコスト情報）』．
財務省『予算・決算（国のお金の使い道）』．
総務省統計局『統計でみる都道府県・市区町村のすがた（社会・人口統計体系）』．
松尾貴巳．2010．「非営利組織の業績管理」谷武幸・小林啓孝・小倉昇責任編集『体系現代会計学（第10巻）業績管理会計』中央経済社, 351-377頁．
OECD.2017.『How's Life in Japan? 日本の幸福度』
Kuroki, M., Y. Hirose, and K. Motokawa. 2018. Efficient Participative Budgeting Using Service Effort and Accomplishment Information: Survey Experiment for Local Governments, *SSRN（3140590）*.
Parsons, L. M. 2003. Is Accounting Information from Nonprofit Organizations useful to donors? A review of charitable giving and value-relevance,*Journal of Accounting Literature*. 22:104-109
Poister, T. M. 2003. *Measuring Performance in Public and Nonprofit Organizations*, CA: Jossey-Bass.
Steglitz, J. E., A. Sen, and Jean-Paul Fitoussi. 2009. *Coordinator of the Commission, IEP Report by the Commission on the Measurement of Economic Performance and Social Progress*.
Young, D. R. 2007. *Financing Nonprofits: Putting Theory into Practice*. National Center on Nonprofit Enterprise and AltaMira Press.

第2部

公共部門の会計

第3章　政府における予算・決算情報の分析
第4章　中央政府における会計制度改革
第5章　地方公共団体における「統一的な基準」による
　　　　財務書類と財務分析
第6章　公営企業における会計と分析
第7章　独立行政法人における会計と分析

第3章
政府における予算・決算情報の分析

◆本章の目標
❶ 国の会計の概要と法制度について説明することができる。
❷ 地方公共団体の会計の概要と法制度について説明することができる。
❸ 国と地方公共団体の予算・決算情報の分析方法を説明し，計算と判断ができる。

◆本章の概要
❶ 国の予算・決算制度は，単式簿記と現金主義が採用されている。国の予算には法的拘束性があり，予算の編成，予算の執行，決算の報告，という3つのステップからなる。また，企業会計とは異なり予算が重視されている。
❷ 地方公共団体の予算・決算制度は，国の制度と類似している。予算編成権および予算執行権は首長にある。また，首長は予算についての拒否権も持っている。
❸ 国の予算・決算情報は，歳入・歳出の内訳の観点から分析できる。歳入については，公債依存度の分析が重要である。歳出については，内訳の割合を検討する必要がある。また，地方公共団体の予算・決算情報についても歳入・歳出の内訳の観点から分析できる。歳入の内訳については，自主財源比率を高めることが重要である。歳出の内訳については，目的別内訳と性質別内訳の2つがあり，いずれも見たうえで，総合的に分析する必要がある。

◆キーワード
現金主義，単式簿記，予算，決算，歳入・歳出内訳，公債依存度，自主財源比率，目的別歳出内訳，性質別歳出内訳

◆1◆ 国における会計の概要と法制度

　本章では，国と地方公共団体における予算・決算情報の法制度について説明し，それらを分析する手法について説明する。国の会計は中央政府会計，地方公共団体の会計は地方政府会計とよばれることもある。本章では現金主義会計にもとづいた決算統計で得られる財政の状況を分析できるようになることが目的である。発生主義会計にもとづいた財務書類の分析については，国は第4章，地方公共団体は第5章を参照してほしい。本節では，国の会計の法制度と概要について説明する。

(1) 予算の機能と関連する法令

　営利企業の予算の機能には，計画，調整，統制という3つの機能があるが，国の予算の機能は，計画，管理，統制，とよばれている。計画機能とは，予算を編成するという機能である。管理機能とは，予算が資金を管理する手段になっているという機能である。統制機能とは，予算によって政府を統制するという機能である。予算の内容と形式についての原則として，完全性，統一性，明瞭性の3つの予算原則がある。完全性の原則は，収入と支出をすべて完全に予算に計上しなければならないという原則である。統一性の原則とは，収入と支出が計上される予算は1つでなければならないという原則である。明瞭性の原則とは，予算の内容を国民に明瞭に開示しなければならないという原則である。

　また，日本国憲法第7章「財政」において，中央政府の財政について定められている。国は強制的に国民から租税を徴収することから，その使い道は予算・決算という仕組みによって，厳格な統制をおこなっている。国の会計に関連する法令は，財政の基本原則について定めている日本国憲法のほか，主に財源を調達するための法令と，調達した財源を管理・執行する法令がある。財源を調達するための法令として，租税法や社会保障法などがある。租税法には所得税，法人税，消費税などがあり，社会保障法には，健康保険法，児童手当法，介護保険法，生活保護法などがある。また，調達した財源を管理・執行する法令として，財政法，会計法，政策についての法令などがある。

(2) 予 算

　予算とは，あらかじめ算定する見積りのことであり，日本国憲法において次のように定められている。

〈日本国憲法第86条〉

> 内閣は，毎会計年度の予算を作成し，国会に提出して，その審議を受け議決を経なければならない。

　予算が成立すると，内閣が法令に従って執行することになる。すなわち，企業会計とは異なり，予算の編成と執行に法的な拘束力があるという点に特徴がある。

　政府会計における収入とは，国の各般の需要を充たすための支払の財源となるべき現金の収納をいい，支出とは，国の各般の需要を充たすための現金の支払をいう（財政法第2条）。ここでいう国の各般の需要を充たすためというのは，政策を実施するということを意味する。また，歳入とは，一会計年度における一切の収入をいい，歳出とは，一会計年度における一切の支出をいう（財政法第4条）。

　このように，財政法は，収入・支出，収納・支払，歳入・歳出，という3つの用語を使い分けているということがわかる。すなわち，単純に現金が入ってくることを収納，現金が出ていくことを支払，政策実施のための現金の収納を収入，政策実施のための現金の支払を支出，一会計年度のすべての収入を歳入，一会計年度のすべての支出を歳出，という。なお，企業の会計年度は，決算月を選択することができるが，政府の一会計年度は，毎年4月1日に始まり，翌年3月31日に終わるとされている（財政法第11条）。そして，各会計年度における経費は，その年度の歳入の範囲内で支弁しなければならないとされている（財政法第12条）。

　国の歳出は，公債または借入金以外の歳入をもって，その財源としなければならないとされており，財源は税収などが前提となっている（財政法第4条第1項）。ただし，公共事業費，出資金および貸付金の財源については，国会の議決を経た金額の範囲内で，公債を発行しまたは借入金をなすことができるこ

とになっており，建設公債について例外が設けられている（財政法第4条第1項）。これは，固定資産の建設は，経常的支出ではなく資本的支出であり，建設された固定資産は将来世代も使用するからである。このように，建設公債については，世代間負担の公平性を損なわないと解されており，建設公債主義とよばれている。

複数の予算が並列すると財政を操作する余地が残るため，予算は統一的な単一の会計であることが原則であるとされている。しかし，国の財政は複雑かつ多岐にわたるため，国の会計は一般会計と特別会計に分かれている（財政法第13条第1項）。特別会計を設置するためには，財政法第13条第2項に掲げられている次のいずれかの場合に限定されている。

① 国が特定の事業をおこなう場合。
② 特定の資金を保有してその運用をおこなう場合。
③ その他特定の歳入を以て特定の歳出に充て一般の歳入歳出と区分して経理する必要がある場合。

予算には，編成，執行，決算という3つのステップがある。予算編成から成立までのスケジュールを表したものが図表3-1である。

図表3-1　予算編成から成立までのスケジュール

7月下旬	概算要求基準閣議了解
8月下旬	各省庁が財務省に概算要求書を提出
9月から12月	各省庁による概算要求の説明，財務省の査定
12月中旬	予算編成の基本方針，閣議決定
12月下旬	政府案閣議決定
1月下旬	国会提出，審議開始
3月下旬	予算成立

（出所）財務省ウェブサイトを参考に筆者作成。

予算編成のスケジュールとしては，まず各府省庁が概算要求を財務大臣に送付する。次に財務省が査定をおこない，財務省原案を閣議に提示し，各府省庁

に内示する。その後，復活折衝がおこなわれた後に，財務大臣が政府原案として閣議に提出する。閣議決定がなされると，内閣が翌年の通常国会に予算を提出する。まずは衆議院に提出し，財務大臣が財政演説をおこなう。また，同日に参議院でも財政演説がおこなわれる。そして，衆議院予算委員会で審議がおこなわれた後に，衆議院本会議で審議し議決される。参議院予算委員会で審議がおこなわれた後に，参議院本会議で審議し議決される。参議院で議決されると予算が成立するが，衆議院と参議院で議決が異なる場合は，両院協議会が開催される。その場においても折り合わない場合は，衆議院の議決が優先され，それが国会の議決になる。

歳出予算の執行については，契約をおこなう支出負担行為担当官と，支出をおこなう支出官の職務が分離されており，不正ができないよう厳格な法制度となっている。

(3) 決　算

一会計年度の執行が終わると，決算をおこなう。決算は，日本国憲法において次のように定められている。

〈日本国憲法第90条〉

> 国の収入支出の決算は，すべて毎年会計検査院がこれを検査し，内閣は，次の年度に，その検査報告とともに，これを国会に提出しなければならない。

具体的には，決算は各省庁の長が歳入歳出の決算報告書を作成し，財務大臣に送付することになっている。財務大臣は，それらをもとに決算を作成し，閣議に提出し閣議決定を受ける。閣議決定を受けた決算報告書は，会計検査院に送付される。企業会計では決算が重視されるが，政府の会計では決算よりも予算が重視されている。

また，国が財政状況を開示する法的根拠は，日本国憲法にある。

〈日本国憲法第91条〉

> 内閣は，国会及び国民に対し，定期に，少くとも毎年一回，国の財政状況について報告しなければならない。

内閣は国民から強制的に租税を徴収していることから，その使い道について

説明責任を果たす必要がある。また，国会にとって財政の情報は，予算審議や決算審議における意思決定にとって有用な情報であり，国民にとって財政の情報は，選挙における意思決定にとって有用な情報である。決算のスケジュールを表したものが**図表3-2**である。

図表3-2 決算のスケジュール

7月31日	各省庁の長が歳入歳出の決算報告書を作成し，財務大臣に送付
8月から9月	財務大臣が決算を作成し，閣議決定を受けて会計検査院に送付
9月から11月	会計検査院による検査
11月中旬・下旬頃	決算を国会へ提出

(出所) 財務省ウェブサイトを参考に筆者作成。

(4) 単式簿記と現金主義

会計の担当者は，帳簿を備え，計算書・報告書を作成しなければならない（会計法第47条）。記帳方法は，国の会計帳簿および書類の様式等に関する省令によって定められており，第16号書式の現金出納簿では，現金・預金の受払，残高，摘要が記されるのみであり，単式簿記を前提としている。

また，発生・実現・対応を重視する企業会計における発生主義会計とは異なり，政府会計では現金主義会計が前提となっている。ここで，現金主義とは，現金の受払があった時点で取引の記録をおこなうことをいう。このように，企業会計とは異なり，政府会計では収支計算が重視されているが，近年の公会計改革によって発生主義が導入された。地方公共団体への発生主義の導入については，第5章で説明する。

◆2◆ 地方公共団体における会計の概要と法制度

本節では，地方公共団体の会計の法制度と概要について説明する。地方公共団体の予算・決算制度は国と類似していることから，国の予算制度と異なる点

に焦点をあてる。地方公共団体とは，地方の行政機関であり，具体的には都道府県市区町村のことを意味する。2018年9月末現在の数は47都道府県，792市，23特別区，743町，183村である。

(1) 中央政府会計制度と地方政府会計制度の共通点

住民の意思決定に有用な情報を提供し，説明責任（受託責任・会計責任）を果たすことを目的としている。記帳方法は，単式簿記であり，現金主義が前提となっている。会計年度は4月1日から翌年3月31日までである（地方自治法第208条）。地方公共団体の会計も，国の会計と同様に一般会計と特別会計に分かれている（地方自治法第209条）。

(2) 関連する法令

地方自治については，日本国憲法第8章「地方自治」に定めがある。もっとも，日本国憲法での規定は基本的な事項に限られることから，地方公共団体の組織および運営に関する事項は，地方自治の本旨にもとづいて，法律でこれを定めるとされている（日本国憲法第92条）。具体的には，地方自治法において，地方公共団体の組織および運営に関する事項が定められている。地方公共団体の会計については，地方自治法第9章「財務」においてその詳細が定められている。また，地方公共団体の財政の健全化に関する法律，地方財政法，地方税法，地方交付税法なども関連法令である。

(3) 地方公共団体の予算と決算

〈地方自治法第210条（総計予算主義の原則）〉

> 一会計年度における一切の収入及び支出は，すべてこれを歳入歳出予算に編入しなければならない。

歳入のうち，地方公共団体が受け取る時点で使途があらかじめ拘束されている財源を特定財源とよび，使途が拘束されていない自由に使える財源を一般財源という。

上述のとおり，地方の会計も一般会計と特別会計に分かれるが，その範囲は

各地方公共団体によって異なる。そのため，統一的な比較をおこなえるよう，地方財政統計上は，仮想的に普通会計という区分を設けている。普通会計は，一般会計と地方公営企業会計を除く特別会計の額を合計したものから，会計間の重複額等を控除したものである。予算の種類には通常予算と補正予算がある。

内閣は，次年度に向けて地方公共団体の普通会計の歳入・歳出を見積もり，地方財政計画を提出する（地方交付税法第7条）。地方財政計画では地方財政対策が検討され，次年度の地方交付税法などが決定される。地方交付税とは，国が国税として徴収し，一定の基準によって地方公共団体に再配分する財源であり，地方公共団体が徴収する自主財源である地方税とは異なる。

一方，地方債とは，地方公共団体が一会計年度を超えておこなう借入れである。地方公共団体は原則として地方債を発行することができないが，地方財政法第5条各号に掲げられている場合に限り地方債の発行が認められている。すなわち，国と同様に，建設公債主義にもとづいている。なお，地方債の協議などについては地方財政法第5条の3に規定されている。

地方公共団体の予算編成権，予算執行権は首長にある（地方自治法第149条）。予算編成のスケジュールは，地方公共団体によって異なる。地方公共団体の首長は，遅くとも年度開始前，都道府県・指定都市は30日前，その他の市町村は20日前までに予算を議会に提出するようにしなければならない（地方自治法第211条）。また，首長は予算についての拒否権を持っている（地方自治法第176条）。

首長は，予算の執行権を持っている。支出負担行為にもとづき，首長による支出命令がくだされると，出納長が審査して支出をおこなう。

地方公共団体の決算は，会計年度終了後2ヵ月間の出納整理期間が設定されている。出納閉鎖後3ヵ月以内に出納長が決算を調整し首長に提出する（地方自治法第233条）。地方公共団体の監査は監査委員が担っている（地方自治法第195条）。監査委員は，地方公共団体の財務に関する事務の執行および経営にかかる事業の管理を監査する（地方自治法第199条）。

地方公共団体の決算は，総務省のウェブサイトにおいて財政状況資料集と決算カードにより公開されている。財政状況資料集とは，総括表や各種分析表で構成される財政についての資料である。各種財政指標等の定量情報のほか，その分析である定性情報も開示されている。決算カードとは，地方財政状況調査

でまとめられた決算統計にもとづき，市町村ごとの普通会計歳入・歳出決算額，各種財政指標等を1枚のカードにまとめたものである。決算カードよりも財政状況資料集のほうが詳細な情報が開示されている。

> Column 2　夕張市の財政破綻
>
> 　2006年に北海道夕張市の財政破綻が明らかになり，2007年に財政再建団体となった。これは，市の一般会計での一時借入金のほか，公営企業や第三セクターの負債も累積していたが，当時のルールでは，外部から公営企業や第三セクターの負債累積がよくわからなかったという背景がある。また，出納整理期間（4月1日から5月31日）を使って，当年度と次年度にまたがって，一般会計と特別会計の間で貸付と償還をおこなっていたという背景もある。
>
> 　従来の地方財政再建促進特別措置法では，実質収支の赤字額にもとづいて財政再建団体に指定されることになっていたが，現在では，地方公共団体の財政の健全化に関する法律にもとづき，4指標が定められている。これにより，財政再生基準の前段階として早期健全化基準が設けられることになり，財政の早期健全化を促す制度となった。また，従来の一般会計だけではなく，公社や第三セクターの負債や赤字も対象に含まれることになった。さらに，現金収支（フロー）のみではなく負債等（ストック）の尺度である将来負担比率が導入されるなど，夕張市の財政破綻は日本の財政制度に大きな影響を及ぼした。
>
> 　しかし，出納整理期間については未解決の論点となっている。出納整理期間とは，事業が執行されたものの支払いが間に合わないなどのために4月1日から5月31日の間に前年度分の支払いをおこなえるという期間のことである。夕張市では，特別会計が一般会計から借り入れ，新年度予算から借入金の返済をおこなうことによって前年度に返済したように見せるという手法をとっていた。2008年に日本公認会計士協会は出納整理期間の廃止および公会計への発生主義会計の導入を提言した。

◆3◆ 政府の予算・決算情報を用いた分析

　国の会計については財務省，地方公共団体については総務省が会計情報を公開している。本節では，まず国の財政状況を分析し，次に地方公共団体のうち，横浜市，大阪市，福岡市，の財政比較（クロスセクション，時系列）をおこなう。これは，住民が，自らが住んでいる地方公共団体の財政状態を理解するために指標を使用することを想定している。たとえば，引越しや移住の意思決定，住民説明会などでの意見発信，議員への陳情などに資するであろう。また，財政状態の分析は，首長選挙や合併に対する賛成反対の選択など，有権者の投票行動の意思決定にも資すると考えられる。

　このように，本節では，国民や住民の視点から会計情報を分析しているが，その他の利害関係者として，債権者，寄附者，政府に就職しようとしている学生，地方公共団体の首長や職員，議会や政治家などが挙げられる。これらの想定される財務報告の利用者，情報ニーズおよび活用方法を表したものが**図表3－3**である。

図表3－3　財務報告の利用者，情報ニーズおよび活用方法

利用者	情報ニーズと活用方法
国民，住民	引越しや移住の意思決定，住民説明会などでの意見発信，議員への陳情などに活用する
有権者	投票行動の意思決定に活用する
債権者	元利償還能力についての評価に活用する
寄附者	寄附先の選定に活用する
監査委員	監査の際の意思決定に活用する
議会・議員	議決の際に活用する
政治家	政策決定に活用する
首長	行政についての内部管理や意思決定に活用する
職員	行政についての内部管理や意思決定に活用する
学生	勤務先の決定などに活用する

（出所）筆者作成。

第3章 政府における予算・決算情報の分析 ■ 45

(1) 国の歳入・歳出の内訳

　政府の予算・決算は，歳入と歳出を純額（ネット）ではなく総額（グロス）で表示する（財政法第14条）。純額としての利益を重視する企業会計と異なる点である。

　歳入・歳出の内訳は省庁ごとの内訳と経費別の内訳が開示されている。**図表3－4**は，2016年度一般会計歳入・歳出決算の概要を円グラフの形で表したものである。

図表3－4　2016年度一般会計歳入・歳出決算の概要

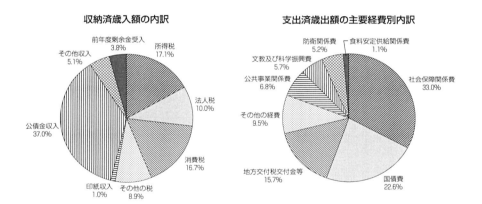

(出所)財務省資料(一般会計歳入・歳出決算の概要)より筆者作成(なお，小数点以下第2位を切り捨て)。

　歳入は，所得税（17.1％），消費税（16.7％），法人税（10.0％），の順に高い割合を占めているということがわかる。

　歳出のうち最も高い割合を占めているのは社会保障関係費で33.0％であるということがわかる。また，国債費の22.6％，地方交付税交付金等の15.7％も高い割合を占めている。それらに次いで公共事業関係費6.8％，文教および科学振興費5.7％，防衛関係費5.2％となっている。これらの主要経費が適正な割合

であるか否かは判断が分かれる。

　一般会計の歳入内訳のうち，重要な尺度として公債依存度がある。公債依存度とは，歳入に占める公債の割合のことである。公債依存度は次の計算式で算定できる。

公債依存度 ＝ 公債新規発行額（収支尻）÷歳出合計

　2016年度の公債依存度は，37.7％程度であることがわかる。実績が公表済みである直近4年度分の公債依存度を示したものが**図表3－5**である。日本の公債依存度は，1990年度以降は上昇傾向であったが，2009年度を境に低下傾向にある。

図表3－5　主要国の公債依存度の推移（単位：％）

	2013年度	2014年度	2015年度	2016年度
日本	48.2	38.9	37.5	37.7
アメリカ	19.7	13.8	11.9	15.2
イギリス	8.2	5.5	2.6	2.8
ドイツ	7.2	0.0	△4.1	△2.1
フランス	25.6	28.6	25.0	24.4

（出所）財務省資料（財政関係基礎データ）より筆者作成。

　しかし，他の主要国と比較すると相対的に公債依存度が高くなっている。公債依存度を下げて税収とその他収入で歳出を賄うことが理想的な状態であり，今後の推移について注視する必要がある。

(2) 地方公共団体の歳入・歳出の内訳

　地方公共団体の財政についてのデータは，総務省のウェブサイトから入手することができる。「総務省トップ＞政策＞統計情報＞地方財政状況調査関係資料」で検索することによって，各種データを確認することができる。また，総務省統計局が提供しているデータベースであるe-Statからも地方財政状況調査のデータを入手することができる。地方財政状況調査は，都道府県や市町村

など各地方公共団体の決算についての統計調査であり，予算の執行を通じて地方公共団体がどのように行政運営をおこなったかを見るための基礎となるものである。毎年度，地方財政状況調査の結果を取りまとめ，さまざまな統計資料として公表されるとともに，地方財政白書として国会に報告されている。これらは地方公共団体の歳入・歳出の分析や財政の健全性の判断において重要な役割を果たしている。

本項では，横浜市，大阪市，福岡市の3市を比較する。これら3市の基礎情報は次の**図表3－6**のとおりである。

図表3－6 3市の基礎情報

	横浜市	大阪市	福岡市
人口	3,729,357人	2,681,555人	1,500,955人
高齢化率	23.2%	25.0%	20.3%
第一次産業就業者数	7,761人	1,122人	4,142人
第二次産業就業者数	324,156人	220,980人	92,515人
第三次産業就業者数	1,233,147人	752,032人	519,335人
一般病院数	114施設	183施設	103施設
保育所等数	621所	349所	196所
介護老人福祉施設数	133所	114所	55所

(注) 就業者数，一般病院数，保育所等数は2015年度のデータ，人口，高齢化率，介護老人福祉施設数は2016年度のデータである。高齢化率は，65歳以上人口／人口で算定した。
(出所) 総務省「住民基本台帳」「統計でみる市区町村のすがた 2018」をもとに筆者作成。

地方公共団体の財政状況を分析した各指標を一覧にしたものが**図表3－7**である。

図表3-7 各指標の時系列推移

	2012年度	2013年度	2014年度	2015年度	2016年度
自主財源比率の時系列推移					
横浜市	64.8%	58.5%	63.3%	60.2%	61.2%
大阪市	62.9%	59.9%	61.3%	59.3%	59.2%
福岡市	61.3%	60.6%	61.1%	59.1%	59.6%
民生費率の時系列推移					
横浜市	37.9%	35.0%	39.8%	40.0%	40.7%
大阪市	39.8%	41.1%	43.0%	43.7%	46.0%
福岡市	31.4%	31.7%	34.2%	34.8%	35.9%
商工費率の時系列推移					
横浜市	6.3%	4.8%	4.0%	3.6%	3.4%
大阪市	8.2%	7.7%	6.2%	6.0%	5.8%
福岡市	15.9%	15.1%	14.0%	13.1%	12.2%
教育費率の時系列推移					
横浜市	9.4%	8.3%	8.6%	8.8%	8.7%
大阪市	6.5%	7.3%	7.5%	7.8%	8.2%
福岡市	8.5%	8.5%	9.5%	9.6%	10.3%
公債費率の時系列推移					
横浜市	13.0%	11.5%	13.4%	12.5%	12.7%
大阪市	15.3%	17.0%	16.3%	17.1%	17.0%
福岡市	13.9%	13.6%	13.6%	13.0%	13.0%
財政力指数の時系列推移					
横浜市	0.96	0.96	0.96	0.97	0.97
大阪市	0.90	0.90	0.91	0.92	0.93
福岡市	0.84	0.85	0.86	0.88	0.89
経常収支比率の時系列推移					
横浜市	95.6%	94.3%	97.4%	95.2%	98.9%
大阪市	101.9%	98.3%	98.8%	97.6%	100.1%
福岡市	91.7%	90.8%	93.3%	92.5%	94.3%
実質公債費比率の時系列推移					
横浜市	15.4%	15.4%	16.9%	17.0%	16.5%
大阪市	9.4%	9.0%	9.3%	9.2%	7.9%
福岡市	14.6%	13.4%	12.6%	12.4%	12.2%
将来負担比率の時系列推移					
横浜市	200.4%	198.7%	182.5%	175.6%	160.7%
大阪市	180.8%	152.5%	141.8%	117.1%	95.2%
福岡市	191.9%	174.8%	168.0%	162.4%	152.7%

(出所) 総務省「統計でみる市区町村のすがた 2018」から筆者作成。

歳入と歳出の費目の内訳を分析すると，歳入の多様性，支出の割合，地方債の発行・償還の状況を把握することができる。

歳入の内訳を検討すると，歳入の多様性が確保されているか否かを判断することができる。地方公共団体の持続可能性を高めるためには，多様な財源を安定的に確保する必要がある。自主財源比率とは，地方公共団体が自ら徴収する収入である自主財源の歳入に占める割合のことである。

$$自主財源比率 = \frac{自主財源}{歳入総額} \times 100(\%)$$

2016年度の横浜市の普通会計ベースの自主財源比率は61.2％（地方税46.2％＋分担金・負担金2.7％＋使用料2.1％＋手数料0.6％＋財産収入2.1％＋寄附金0.0％＋繰入金1.9％＋繰越金1.5％＋諸収入4.2％）である。横浜市は歳入全体に占める地方税の割合が高く，自主財源比率は大阪市の59.2％，福岡市の59.6％よりも高い。さらに詳細な歳入内訳の情報を見ると，税収のうち，個人市民税，固定資産税，都市計画税の割合が相対的に高いということがわかる。それに対し，大阪市は法人市民税の割合が相対的に高くなっているという特徴がある。

歳出の内訳を検討する。財政状況資料集と決算カードでは，性質別・目的別の歳出内訳が開示されている。目的別の歳出内訳のうち，民生費，商工費，教育費，公債費に注目する。

民生費率については3市とも上昇している。2016年度の民生費率は，大阪市が46.0％であり，横浜市の40.7％，福岡市の35.9％と比較して相対的に高く，児童，高齢者，障害者等のための福祉施設の整備運営，生活保護の実施等に力を入れていることがわかる。

商工費率については，3市とも減少傾向にある。2016年度の商工費率は，福岡市が12.2％であり，大阪市の5.8％，横浜市の3.4％と比較して相対的に高く，創業特区に力を入れている姿勢がうかがえる。

教育費率については，福岡市と大阪市は上昇している。2016年度の教育費率は，福岡市が10.3％であり，相対的に最も高い割合となっている。また，大阪市は割合が上昇しているが8.2％であり，横浜市の8.7％よりも低い。福岡市は商工費も相対的に高いことから，ビジネスや人を育てるという点を重視してい

るのかもしれない。

　公債費率については，福岡市が減少傾向にある。2016年度の公債費率は，大阪市が17.0％であり，横浜市の12.7％，福岡市の13.0％よりも相対的に高く，借金の返済を重視している姿勢がうかがえる。

　また，性質別の歳出内訳も開示されている。過年度の歳出内訳も考慮すると，3市ともに，扶助費が高く推移していることがわかる。これは，福祉・医療・子育てに関連する費用が年々高まっていることが背景になっている。目的別歳出内訳と性質別歳出内訳の双方を確認し，総合的に分析することが重要である。

(3)　地方公共団体の分析における伝統的尺度

　地方公共団体の財政の分析における伝統的な尺度として，実質収支比率，財政力指数，経常収支比率がある。

　実質収支比率は，実質収支を標準財政規模で除して求める。実質収支は，歳入決算と歳出決算の差額である形式収支から翌年度への繰越財源を控除したものである。実質収支比率は，横浜市が1.0，大阪市が0.1，福岡市が2.6となっている。2016年度の決算について述べられている2018年度版地方財政白書によると，実質収支が赤字である団体はなく，2015年度に引き続き，全団体で実質収支は黒字となっている。また，横浜市，大阪市，福岡市の開示資料においても，実質収支への言及は多々あるものの，実質収支比率への言及は比較的少ない。横浜市の実質収支は約25億円の黒字，大阪市は約4億円の黒字，福岡市は約95億円の黒字となっている。

　財政力指数は，どのくらい財政に余裕があるのかを知るために用いる。この比率が高いと財政力が高く，財源に余裕があると解釈できる。財政力指数は基準財政収入額を基準財政需要額で除して求められる。基準財政収入額と基準財政需要額は，財政状況資料集（「総務省トップ＞政策＞統計情報＞地方財政状況調査関係資料＞財政状況資料集」で検索）などで確認することができる。

$$財政力指数 = \frac{基準財政収入額}{基準財政需要額}$$

　横浜市の2016年度の財政力指数を計算すると，578,071,210／596,534,765＝

0.97（小数点以下第3位を四捨五入）となる。大阪市は0.93，福岡市は0.89となっており，いずれの市も，全国市町村平均の0.50および政令指定都市平均の0.87を上回っており，財政力が高く，財源に余裕があると解釈できる。過去5年間，一貫して横浜市，大阪市，福岡市の順に高いという傾向がある。

　伝統的に用いられてきた尺度として，経常収支比率がある。経常収支比率は，経常支出を経常収入で除して求められる。この比率は，財政が硬直的か弾力的かという財政の構造を知るために用いられてきた。すなわち，この比率が高いと，他にお金を回す余裕がない硬直的な財政となっており，この比率が低いと，他にお金に回す余裕がある弾力的な財政となっている。経常収支比率は，企業の財務分析でも使用されている尺度である。「町村にあっては70％，都市にあっては75％程度におさまることが妥当と考えられ，これが，町村にあっては75％，都市にあっては80％を超える場合にはその財政構造は弾力性を失いつつあると考えてよい」（地方財政調査研究会（自治省財政局指導課内）編，1991，131）との見解が通説となっていたが，2013年度決算では，「都市が82.8〜95.0％，町村が78.7〜87.8％となっており，既に大半の市町村が80％を超えているのが現状である。このような財政構造の変化の中で，経常収支比率における目安をどのように考えるかは，それぞれの団体の財政構造の変化を踏まえた検討が必要である」（総務省自治財政局財務調査課・地方公共団体金融機構，2015, 12）と考えられている。

$$経常収支比率 = \frac{経常支出（経常的経費）}{経常収入（経常一般財源）} \times 100 (\%)$$

　経常支出は，経常経費充当一般財源等（人件費，扶助費，公債費等に充当した一般財源等）を用いる。また，経常収入は，経常一般財源等（地方税＋普通交付税等）＋減収補填債特例分＋臨時財政対策債を用いる。

　横浜市の2016年度の経常収支比率を計算すると，821,454,560／782,007,865=105.0（小数点以下第2位を四捨五入）となる。この数値は，減収補填債（特例分）と臨時財政対策債を除いた値であり，それらを含めた値は，98.9となる。地方公共団体は両方の数値を開示している。大阪市は100.1，福岡市は94.3となっている。いずれの市も，全国市町村平均の92.5を超えている

が，横浜市と大阪市が政令指定都市平均の97.6を上回っている一方，福岡市は政令指定都市平均を下回っている。いずれの市も非常に硬直的な財政構造であり，資金を自由に使うことができる柔軟性があまりないことを意味している。しかし横浜市および大阪市と比較して，福岡市は相対的に柔軟に資金を使うことができる財政構造であるといえる。相対的には福岡市が低く，大阪市が高いという傾向がある。2016年度は，いずれの市も経常収支比率が悪化している。横浜市は，地方消費税交付金や臨時財政対策債などの減少，扶助費などの増加による。大阪市は，地方交付税や臨時財政対策債などの減少，障害者自立支援給付費などの増加による。福岡市は，臨時財政対策債，地方消費税交付金，地方交付税などの財源の減少などによる。

(4) 財政健全化比率

　地方公共団体の財政の健全化に関する法律が平成21年から施行され，財政健全化比率として4つの指標が開示されることになった。実質赤字比率，連結実質赤字比率，実質公債費比率，将来負担比率の4つの指標を，健全化判断比率という。

　地方公共団体は，健全化判断比率（実質赤字比率，連結実質赤字比率，実質公債費比率，将来負担比率）のいずれかが早期健全化基準以上である場合には，当該健全化判断比率を公表した年度の末日までに，「財政健全化計画」を定めなければならない（地方公共団体の財政の健全化に関する法律第4条）。また，再生判断比率（実質赤字比率，連結実質赤字比率，実質公債費比率）のいずれかが財政再生基準以上である場合には，当該再生判断比率を公表した年度の末日までに，「財政再生計画」を定めなければならない（地方公共団体の財政の健全化に関する法律第8条）。**図表3－8**は，健全化比率等の対象について示したものである。

　実質赤字比率とは，地方公共団体の一般会計等を対象とした実質赤字額の標準財政規模に対する比率である。一般会計等の実質赤字額／標準財政規模で計算することができるが，横浜市，大阪市，福岡市は赤字ではなく黒字の地方公共団体であるため，本指標を計算することができない。

　連結実質赤字比率とは，地方公共団体の全会計を対象とした実質赤字額また

図表3-8 健全化比率等の対象

市町村	一般会計	一般会計等	実質赤字	連結実質赤字	実質公債費	将来負担	資金不足
	特別会計	公営企業会計（国保，水道，病院…など）					
組合等（一部事業組合・企業団）							
地方公社・第三セクター							

（出所）総務省資料，地方公共団体の財政の健全化関係資料一覧より筆者作成。

は資金の不足額の標準財政規模に対する比率である。連結実質赤字額／標準財政規模で計算することができるが，横浜市，大阪市，福岡市は連結ベースでも赤字ではなく黒字の地方公共団体であるため，本指標を計算することができない。

　実質公債費比率は，財政規模に対する借入金の返済額の大きさを指標化したものであり，資金繰りの程度を知るために用いる。地方公共団体の一般会計等が負担する元利償還金および準元利償還金の標準財政規模に対する比率として計算される。また，実質公債費比率は3ヵ年平均で計算する。計算式は複雑であるが，要するに，1年間の収入に対する借金返済割合を表している。実質公債費比率が18％以上の場合，地方債の発行に総務大臣等の許可が必要となる（地方公共団体の財政の健全化に関する法律第13条）。また，早期健全化基準については，市町村・都道府県とも，地方債協議・許可制度において一般単独事業の許可が制限される基準であった25％とされている。そして，財政再生基準は，市町村・都道府県とも，地方債協議・許可制度において，公共事業等の許可が制限される基準であった35％とされている。しかし，2016年度決算では実質公債費比率が早期健全化基準以上の団体は市区1団体であり，その団体は財政再

生基準以上である。

　各都市の実質公債費比率を比較すると，横浜市は16.5％，大阪市は7.9％，福岡市は12.2％である。全国市町村平均は6.9％，政令指定都市平均は10.3％である。いずれの市も全国市町村平均よりも高いが，大阪市は，政令指定都市平均を下回っており，資金繰りに余裕があるといえる。また，横浜市と福岡市は政令指定都市平均を上回っており，特に横浜市は相対的に資金繰りが苦しい状況にある。3市とも低下傾向にあり，相対的には大阪市が低く，横浜市が高いという傾向がある。横浜市が高い理由は，過去の人口増加によるインフラ整備を進めた際に発行した市債返済についての公債費負担が大きいからである。

　将来負担比率とは，地方公社や損失補償をおこなっている出資法人等に係るものも含め，地方公共団体の一般会計等が将来負担すべき実質的な負債の標準財政規模に対する比率である。将来の財政を圧迫する可能性の度合いを知るために用いられる。この計算式も複雑であるが，要するに，将来返済する借金が1年間の収入の何倍であるかを表している。早期健全化基準については，実質公債費比率の早期健全化基準に相当する将来負担額の水準と平均的な地方債の償還年数を勘案し，市町村は350％，都道府県および政令指定都市は400％とされている。なお，将来負担比率では，財政再生基準は設けられていない。

　各都市の将来負担比率を比較すると，横浜市は160.7％，大阪市は95.2％，福岡市は152.7％となっている。政令指定都市平均は115.7％であり，大阪市はそれを下回っているが，横浜市と福岡市は上回っている。大阪市は相対的に将来の財政を圧迫する可能性が低いといえるだろう。3市とも低下傾向にあるが，特に大阪市の下げ幅が大きいことがわかる。その理由は，地方債の発行を抑制してきたことにより地方債残高が減少したためである。

　なお，全国市町村平均は34.5％であるが，将来負担比率については，政令指定都市とその他の市町村を単純に比較することはできないことに注意を要する。

◆ Exercise ◆

3−1 文言問題
(1) 国と地方公共団体の会計の記帳方法と認識基準について説明しなさい。
(2) 国と地方公共団体の会計では，決算よりも予算が重視されているが，その理由を説明しなさい。

3−2 計算問題
(1) 前年度の国の公債依存度を求めなさい。計算式も明示すること。
(2) 次の目的別歳出の状況にもとづいて，歳出の内訳比率（構成比）を求めなさい。小数点以下第2位を四捨五入すること。

歳出の状況（単位：千円・％）		
目的別歳出の状況（単位：千円・％）		
区分	決算額	構成比
議会費	2,000,000	
総務費	82,000,000	
民生費	544,000,000	
衛生費	87,000,000	
労働費	1,000,000	
農林水産業費	1,000,000	
商工費	77,000,000	
土木費	189,000,000	
消防費	65,000,000	
教育費	159,000,000	
災害復旧費	−	−
公債費	186,000,000	
諸支出金	14,000,000	
前年度繰上充用金	−	−
歳出合計	1,407,000,000	100.0

3−3 考察問題
3つの地方公共団体を選択し，歳入・歳出の内訳，実質公債費比率，将来負担比率などを検討したうえで，それぞれの地方公共団体の強みや弱み，特徴などを，住民の観点から総合的に分析しなさい。

◆参考文献

東信男著・山浦久司監修.2016.『政府公会計の理論と実務』白桃書房.
亀井孝文.2017.『よくわかる公会計制度―創設の歴史と現行制度の活用や改革の方向まで―』イマジン出版.
神野直彦.2007.『財政学　改訂版』有斐閣.
総務省自治財政局財務調査課・地方公共団体金融機構.2015.「地方財政の健全化及び地方債制度の見直しに関する研究会　報告書」.
地方財政調査研究会（自治省財政局指導課内）編.1991.『五訂　財政分析―市町村財政効率化の指針―』ぎょうせい.
大阪市ウェブサイト
財務省ウェブサイト
総務省ウェブサイト
福岡市ウェブサイト
横浜市ウェブサイト

第4章 中央政府における会計制度改革

◆本章の目標
① 現行の公会計制度の問題点とそれを緩和するために取り組まれている公会計制度改革の意義と動向を説明することができる。
② 省庁別財務書類および国の財務書類の作成目的，作成主体およびその体系を説明することができる。
③ 国の財務書類を用いて国の財務業績や財政状態を評価する方法および連結財務書類の作成の必要性を説明することができる。

◆本章の概要
① 前章で学んだ現行の国の公会計制度に対して，国の財政状態に関する網羅的・体系的なフロー・ストック情報が欠如しているという問題点が指摘されている。この問題点は，企業会計の考え方および手法を活用して作成される省庁別財務書類およびそれを合算して作成される国の財務書類によって一定程度緩和される。
② しかし，省庁別財務書類を作成するために日々の取引の段階から複式簿記による発生主義会計を採用していないこと，また国の財務書類には国のすべての政策実施機関の財政活動が反映されているわけではないという課題がある。
③ 会計情報の主な利用者を国民および議員と想定した場合には，国の政策実施機関全体の財政活動を網羅的体系的に報告することが必要である。

◆キーワード
省庁別財務書類，国の財務書類，業務費用計算書，資産・負債差額増減計算書，連結財務書類，フロー・ストック情報，発生主義会計，将来世代の負担

◆1◆ 中央政府における公会計改革の動向

　本章では日本の公会計制度改革の動向と2003年度決算より作成されている「国の財務書類」について説明する。

(1)　現行の公会計制度の問題点

　前章で述べたように，現行の日本の中央政府の公会計制度は，収支計算の重視，一般会計と特別会計の区分，予算の重視といった特徴を有する。このような現行制度に対して，国の財政状態に関する網羅的・体系的なフロー・ストック情報が欠如しているという問題点が指摘されている。

　各府省は予算執行にともない資産を取得したり，負債を負ったりするが，資金収支に焦点を当てた現行制度では，現金以外の資産・負債は予算執行過程において会計的認識対象から除外される。資産・負債は別々の帳簿で歳入歳出決算とは別に管理され，各種帳簿は貸借対照表と損益計算書のように有機的に結びついていない。たとえば建設公債を発行して道路を建設したとき，歳入歳出決算からある年度における道路建設のための支出と公債による収入が明らかになっても，現在保有している道路の残高と公債残高は明らかにならない。財政の悪化が叫ばれる中で，現在保有する資産の効率的な活用や将来世代の負担となる負債の圧縮のための議論を，国民，その代理人たる議員および政府との間で円滑に進められるような情報の提供が求められている。

(2)　国における公会計整備の動向

　図表4－1は国の公会計整備の主要な動向についてまとめている。

　前項の課題を解消するために，2000年10月に企業会計の手法を用いた「国の貸借対照表の基本的考え方」が策定され，この考えにもとづき1998年度の決算から一般会計およびすべての特別会計を連結した「国の貸借対照表（試案）」が作成されている。

　さらに，財政制度等審議会は2003年6月に「公会計に関する基本的考え方」を取りまとめた。この基本的考え方において省庁が「予算執行の単位であると

図表４－１ 国の公会計整備の動向のまとめ

2000年10月	「国の貸借対照表の基本的考え方」にもとづき、1998年度の決算分の「国の貸借対照表（試案）」公表
2003年6月	「公会計に関する基本的考え方」公表
2004年6月	「省庁別財務書類の作成基準」公表
2005年9月	2003年度の「国の財務書類」公表
2007年3月	「特別会計に関する法律」施行
2008年6月	「特別会計財務書類の作成基準」告示
2010年7月	「政策別コスト情報の把握と開示について」公表
2012年10月	「会計検査基準（試案）」公表

(出所) 筆者作成。

ともに行政評価の主体である」と示されたことを受け、2004年6月に財務省財政制度等審議会は企業会計の考え方および手法を用いた「省庁別財務書類の作成基準」を公表した。

各府省はこの基準にもとづき、2002年度の決算から一般会計と特別会計を連結した省庁別財務書類を作成している。さらに、2003年度の決算から財務省は各府省の省庁別財務書類を合算した「国の財務書類」を公表している。

省庁別財務書類は、一般会計財務書類と特別会計財務書類からなるが、このうち特別会計財務書類の作成および開示については2007年度分から「特別会計に関する法律」に規定されている。さらに2008年には「特別会計財務書類の作成基準」が告示され、特別会計財務書類はこれにもとづいて作成されることとなった。

政策別コスト情報は、省庁別財務書類において形態別に表示している費用を各府省の政策別に表示することにより、当該政策の実施に要した費用の全体像に関する情報を提供する目的で2009年度決算から作成されている。経年変化を分析したり、他の政策と比較したりして各政策の効率性を評価し、評価結果を予算に反映させることが期待されている。

最後に、国の収入支出は日本国憲法第90条を根拠とした会計検査院によって検査される。これは、日本国憲法、財政法、会計法等の各種の法令およびこれらを補完するために会計検査院が定めた内部規定等に準拠しておこなわれる。これらの法令等には、会計検査の目的、一般基準、実施基準および報告基準に

該当するものが含まれているが，会計検査基準として明示されているわけではない。そこで2012年に会計検査院はこれらを体系化した「会計検査基準（試案）」を作成し公表した。これにより会計検査の実効性が高まり，会計検査の透明性が向上することが期待される。

◆2◆ 省庁別財務書類と国の財務書類

本節では，現行の公会計制度の課題を緩和するために整備された省庁別財務書類と国の財務書類について説明する。

(1) 省庁別財務書類にかかる会計基準と情報ニーズ

省庁別財務書類は，各省庁の財務状況等に関する説明責任の履行の向上および予算執行の効率化・適正化に資する財務情報を提供することを目的として，企業会計の考え方および手法を活用して作成するものである（省庁別財務書類の作成について前文3．(2)）。

また，それぞれの代表的な利用者がどのような情報ニーズを有し活用すると考えられるかを一覧にしたのが**図表4－2**である。

図表4－2 財務報告の利用者，情報ニーズおよび活用方法

利用者	情報ニーズと活用方法
有権者，納税者	将来的な国民負担が増えないかの判断，もしくは意図したとおりに支出されているかの評価
サービス受益者	引き続きサービスの提供を受けるべきかの判断に活用，サービス提供の持続性，各省庁の業務運営の効率性および対価の適正性の評価，財務状況の把握
債権者	元利償還能力についての評価
議員	予算策定，評価や重要な財産の処分について，必要な意見を述べるにあたっての判断に活用
会計検査院	検査に活用
公務員	財務報告を通じて勤務先の実態を把握し，業務の改善に活用

（出所）筆者作成。

省庁別財務書類は「省庁別財務書類の作成基準」により作成される。当該基準は，①省庁別財務書類の作成基準，②一般会計省庁別財務書類の作成基準，③特別会計財務書類の作成基準から構成される。なお，①および②は法的根拠を有しておらず，財政制度等審議会の要請を受けた政府の方針として作成されている。一方，③は特別会計に関する法律に規定され，法的根拠を有している。ただし，作成基準の内容に大きな違いはないため，以下では省庁別財務書類の作成基準を前提に説明する。

(2) 省庁別財務書類の作成主体と体系

省庁別財務書類は，省庁に着目して作成される。予算執行の単位であるとともに行政評価の主体であるからである。また，予算決算との整合性を保つ必要性から，予算決算の基礎単位である所管が作成単位となっている。さらに，行政機関以外の国会，裁判所および会計検査院においても省庁別財務書類の作成がおこなわれており，各省庁の省庁別財務書類を合算することで国の財務書類が作成できる。

日本の政治の枠組みは，国会（立法府），内閣（行政府），最高裁（司法府）の三権が互いにチェックし合う三権分立の体制である。さらに国会および裁判所に属さず，内閣に対し独立の地位を有する憲法上の機関として会計検査院がある。省庁別財務書類によりこれらの機関の財務状況等を主権者たる国民に説明可能になる（図表4－3）。

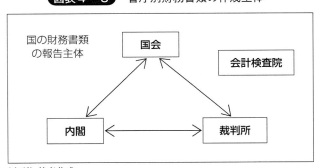

図表4－3　省庁別財務書類の作成主体

（出所）筆者作成。

また，内閣を構成する日本の行政機関は内閣官房，内閣府，復興庁，総務省，法務省，外務省，財務省，文部科学省，厚生労働省，農林水産省，経済産業省，国土交通省，環境省，防衛省であり（2018年10月現在），それぞれ省庁別財務書類を作成している。

省庁別財務書類の体系は，①貸借対照表，②業務費用計算書，③資産・負債差額増減計算書，④区分別収支計算書，⑤附属明細書である。

① 貸借対照表

貸借対照表は，当該年度内において各府省に帰属する資産および負債の状況を明らかにする目的で作成される。このため貸借対照表は資産の部，負債の部および資産・負債差額の部に区分される。

② 業務費用計算書

業務費用計算書は，各府省の業務実施にともない発生した費用を明らかにする目的で作成される。業務費用計算書のボトムラインである「本年度業務費用合計」は，資産・負債差額増減計算書の「本年度業務費用合計」に連動している。

③ 資産・負債差額増減計算書

資産・負債差額増減計算書は，前年度末の貸借対照表の資産・負債差額と本年度末の貸借対照表の資産・負債差額の増減について，要因別に開示する目的で作成される。資産・負債差額増減計算書は前年度末資産・負債差額，本年度業務費用合計，財源，無償所管換等，資産評価差額，その他の増減および本年度末資産・負債差額に区分されている。また，財源は主管の財源，配賦財源等の科目で表示する。これは財務省が徴収した税金を他府省へ配賦する会計処理がなされているからである。

④ 区分別収支計算書

区分別収支計算書は，各省庁の財政資金の流れを区分別に明らかにする目的で作成される。区分別収支計算書は，業務収支および財務収支に区分され，業

務収支はさらに財源および業務支出に区分されている。

⑤ 附属明細書

附属明細書は，①から④までの計算書の内容を補足する目的で作成される。

(3) 省庁別財務書類の作成方法とその特徴

省庁別財務書類は，国の歳入歳出決算および国有財産台帳等の計数にもとづき，必要に応じて過去の事業費を累計して作成される。重要な点は，国は企業会計と異なり，省庁別財務書類を作成するために日々の取引の段階から複式簿記による発生主義会計を採用しているわけではないということである。

また，大塚・金子（2012）および東（2016）を参考にすれば，企業会計と異なる特徴的な点として以下が挙げられる。

貸借対照表は4点指摘できる。第1に資産や負債の分類方法として流動・固定分類は採用されていない。また，資産の細区分においては物品・国有財産等といった財産管理上の分類が踏襲されている。第2に資産の評価として一部の資産について取得原価ではなく国有財産台帳価額を基礎として評価され，一定期間ごとに評価替えがおこなわれているという点である。そして，評価替え後の金額をもとにして減価償却がおこなわれる。第3に公債については財務省の貸借対照表に一括計上されている。これは公債の発行および元利償還は各府省の業務ではないからである。第4に資産・負債差額は，正味財産や純資産ではなく一部を除いて内訳は区分されていない。

図表4－4，4－5に掲載した財務省および国土交通省の貸借対照表からそうした特徴が見てとれよう。特に，900兆円以上の公債が財務省の貸借対照表に計上されているため，財務省は大幅に債務超過の状態にある。一方，公共用財産の建設のため多額の資金調達が必要であるように思われる国土交通省には公債は計上されず，負債比率は約1％（＝1.5兆円÷160兆円）と非常に健全な財政状態であるように見えてしまう。

図表4-4　財務省　2016年度　貸借対照表

(単位：百万円)

	前会計年度 (平成28年 3月31日)	本会計年度 (平成29年 3月31日)		前会計年度 (平成28年 3月31日)	本会計年度 (平成29年 3月31日)
＜資産の部＞			＜負債の部＞		
現金・預金	72,711,978	74,854,014	未払金	1,330,347	1,409,966
金地金	144,718	153,304	未払費用	1,364,667	1,283,012
売掛金	26	5	保管金等	655	3,704
有価証券	124,264,844	119,295,001	前受収益	109	107
たな卸資産	906,393	824,479	賞与引当金	41,596	42,488
未収金	4,785,003	4,638,871	政府短期証券	85,073,042	83,373,010
未収収益	743,446	688,323	国庫余裕金繰替金	30,300,000	28,700,000
未収(再)保険料	22,948	30,196	公債	914,417,470	941,364,891
前払金	-	483	借入金	41,421	41,421
前払費用	154	149	預託金	29,876,590	30,713,212
貸付金	124,162,784	123,065,091	責任準備金	1,325,019	1,345,721
他会計繰戻未収金	15,699	13,082	退職給付引当金	895,941	875,268
その他の債権等	2,525,881	2,511,746	その他の債務等	7,087,156	6,988,333
貸倒引当金	△ 124,181	△ 115,748			
有形固定資産	6,462,085	6,595,938			
国有財産(公共用財産を除く)	6,454,565	6,587,588			
土地	5,369,551	5,429,860			
立木竹	6,586	6,352			
建物	760,937	811,184			
工作物	312,504	335,022			
機械器具	0	0	負債合計	1,071,754,019	1,096,141,139
船舶	3,402	3,270			
建設仮勘定	1,583	1,898	＜資産・負債差額の部＞		
物品	7,519	8,349	資産・負債差額	△ 707,610,330	△ 736,654,125
無形固定資産	72,953	72,892	(うち為替換算差損益)	(3,275,398)	(△1,012,408)
出資金	27,448,953	26,859,181			
資産合計	364,143,689	359,487,014	負債及び資産・負債差額合計	364,143,689	359,487,014

(出所)　財務省 (2018a, 1)。

第 4 章　中央政府における会計制度改革　■ 65

図表 4 − 5　国土交通省　2016年度　貸借対照表

(単位：百万円)

	前会計年度 (平成28年 3月31日)	本会計年度 (平成29年 3月31日)		前会計年度 (平成28年 3月31日)	本会計年度 (平成29年 3月31日)
＜資産の部＞			＜負債の部＞		
現金・預金	378,784	385,242	未払金	70,909	65,961
たな卸資産	62,798	66,308	支払備金	3,432	875
未収金	64,172	61,337	未払費用	163	135
未収収益	605	571	保管金等	2,683	2,676
前払費用	260	147	前受金	11,700	11,573
貸付金	1,168,745	1,085,024	未経過賦課金	1,677	1,605
その他の債権等	2,490	2,541	前受収益	−	2,315
貸倒引当金	△ 40,887	△ 37,510	賞与引当金	41,231	41,911
有形固定資産	145,322,893	146,072,959	借入金	657,694	613,625
国有財産(公共用財産を除く)	3,213,849	3,307,395	退職給付引当金	702,701	685,537
土地	1,606,764	1,634,950	他会計繰戻未済金	15,699	13,082
立木竹	11,650	11,634	その他の債務等	46,879	54,699
建物	324,552	318,144			
工作物	889,306	852,790			
船舶	198,727	219,309			
航空機	40,610	28,530			
建設仮勘定	142,236	242,036			
公共用財産	141,760,392	142,416,700			
公共用財産用地	39,041,929	39,253,762			
公共用財産施設	102,392,741	102,775,846			
建設仮勘定	325,721	387,092			
物品	348,652	348,863	負　債　合　計	1,554,773	1,494,000
無形固定資産	35,302	34,584	＜資産・負債差額の部＞		
出資金	12,129,105	12,773,999	資産・負債差額	157,569,499	158,951,204
資　産　合　計	159,124,273	160,445,205	負債及び資産・ 負債差額合計	159,124,273	160,445,205

(出所) 国土交通省 (2018, 1)。

業務費用計算書は，損益計算書とは異なり原則として収益が計上されない。税収や自己収入などは，資産・負債差額増減計算書に計上される。これは，税収が企業の売上と異なり強制的に徴収されるものであるため，行政コストとの直接的な関連を持たないからであると考えられる。また，公債利払費は財務省に一括計上される。約9兆円の支払利息がそれである。さらに財務省の業務費用のほとんどが支払利息であることも確認できる（**図表4－6**）。

図表4－6 財務省　2016年度　業務費用計算書

（単位：百万円）

	前会計年度 （自　平成27年4月1日） （至　平成28年3月31日）	本会計年度 （自　平成28年4月1日） （至　平成29年3月31日）
人件費	587,943	591,280
賞与引当金繰入額	41,596	42,488
退職給付引当金繰入額	47,365	48,269
特定国有財産本年度完成工事原価	11,894	3,691
（再）保険費	2,625	132,122
補助金等	74,370	70,557
委託費等	97,765	99,188
独立行政法人運営費交付金	953	976
交付税及び譲与税配付金特別会計への繰入	300,000	200,000
庁費等	174,192	191,470
公債事務取扱費	35,764	34,560
その他の経費	157,871	95,279
減価償却費	94,156	100,986
責任準備金繰入額	131,574	20,702
貸倒引当金繰入額	278	151
支払利息	9,189,210	8,282,092
公債償還損益	20,037	15,653
資産処分損益	△ 54,092	△ 314,989
資産評価損	292,246	16,277
本年度業務費用合計	11,205,754	9,630,760

（出所）財務省（2018a, 2）。

資産・負債増減計算書は，上記と関連して自主財源・他会計からの繰入れといった各種収入も資産・負債差額の増減要因として計上される。配賦財源の科目より国土交通省には財務省が徴収した税金から約6兆円配賦されていることが確認できる（図表4－7）。

図表4－7　国土交通省　2016年度　資産・負債差額増減計算書

（単位：百万円）

		前会計年度 （自　平成27年4月1日） （至　平成28年3月31日）	本会計年度 （自　平成28年4月1日） （至　平成29年3月31日）
Ⅰ	前年度末資産・負債差額	156,348,432	157,569,499
Ⅱ	本年度業務費用合計	△ 8,306,604	△ 8,299,510
Ⅲ	財源	7,566,553	7,690,069
	主管の財源	779,824	729,815
	配賦財源	6,366,238	6,464,402
	自己収入	385,176	453,709
	他会計からの受入	35,314	42,141
Ⅳ	無償所管換等	1,367,815	1,323,899
Ⅴ	資産評価差額	593,301	667,246
Ⅵ	本年度末資産・負債差額	157,569,499	158,951,204

（出所）国土交通省（2018,3）。

最後に区分別収支計算書の区分は，他の財務書類との連携よりも歳入歳出決算との関係が重視される。

(4) 国の財務書類

国の財務書類は，一般会計とすべての特別会計を合わせた国全体の財務書類のことで，全府省の省庁別財務書類を合算して作成している。国の財務書類の作成目的は，各省庁別財務書類だけでは表しえない国全体の財政状態および業務費用等に関する情報を提供することである。具体的には，公債元本および公債利払費が財務省に一括計上されるとともに，財務省から他府省へ財源を配賦する会計処理がおこなわれ，他府省には歳出額に見合う財源が与えられる。そ

のため，省庁別財務書類では各府省の財政状態や財務業績を評価することができない。そこで，国の財務書類の作成が必要となる。

国の財務書類の体系は，省庁別財務書類と同様に①貸借対照表，②業務費用計算書，③資産・負債差額増減計算書，④区分別収支計算書，⑤附属明細書からなる。①から④の財務4表の連関を示したのが**図表4－8**である。

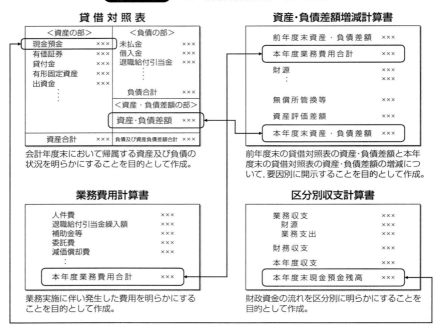

(出所) 財務省 (2018b,5)。

本章第3節ではこれらの書類にもとづき，国の財務業績や財政状態をどのように評価するのかを説明する。

(5) 省庁別連結財務書類と国の財務書類（連結）

政策を実施する機関としては，独立行政法人等（第7章で詳述する）の政府出資法人も挙げられる。これらは主務省から独立した別法人ではあるが，主務省の財務諸表のみでは各府省の財政状態および業務費用を表しえないことを意味している。そこで，主務省とその関連業務をおこなう政府出資法人を連結することにより，主務省全体の財政状態および業務費用等に関する情報を提供する目的で，省庁別連結財務書類が作成される。さらに，全府省の省庁別連結財務書類を合算することで国の連結財務書類を作成することができる。**図表4**

図表4-9 省庁別財務書類等の関係

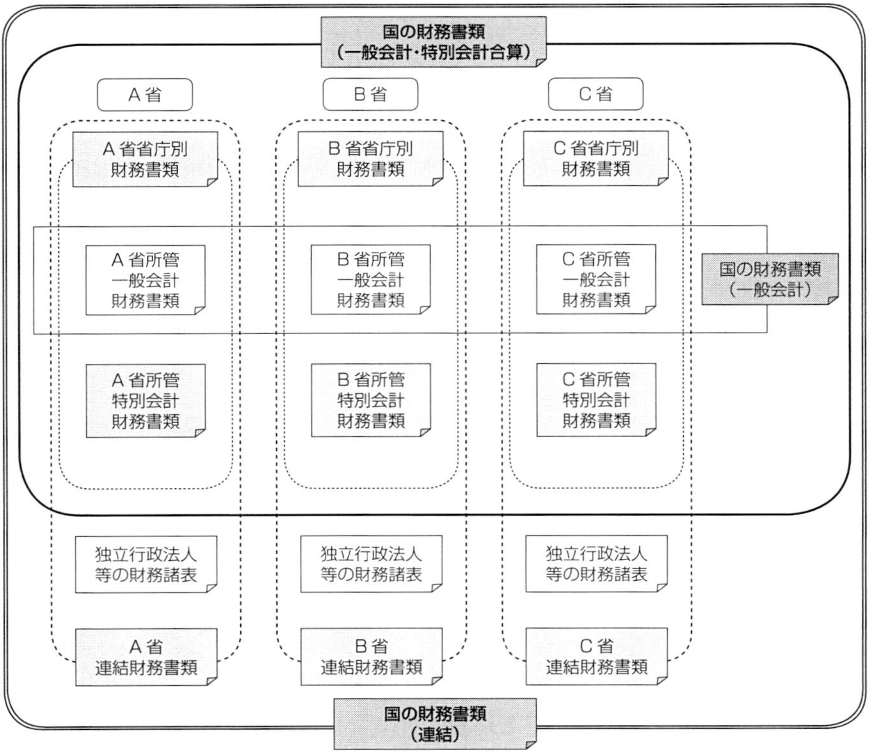

```
                    国の財務書類
              （一般会計・特別会計合算）

    ┌─ A省 ─┐    ┌─ B省 ─┐    ┌─ C省 ─┐

      A省省庁別      B省省庁別      C省省庁別
      財務書類       財務書類       財務書類

      A省所管        B省所管        C省所管        国の財務書類
      一般会計       一般会計       一般会計       （一般会計）
      財務書類       財務書類       財務書類

      A省所管        B省所管        C省所管
      特別会計       特別会計       特別会計
      財務書類       財務書類       財務書類

      独立行政法人    独立行政法人    独立行政法人
      等の財務諸表    等の財務諸表    等の財務諸表

      A省            B省            C省
      連結財務書類    連結財務書類    連結財務書類

                    国の財務書類
                      （連結）
```

(出所) 財務省 (2018b, 8)。

−9は省庁別財務書類の一般会計財務書類と特別会計財務書類，国の財務書類，省庁別連結財務書類および国の連結財務書類の関係を示している。

連結の対象は，特殊法人および認可法人の一部，ならびに独立行政法人および国立大学法人の全法人である。また，連結対象の特殊法人および認可法人の子会社のうち，特殊法人および認可法人から出資を受けているものも連結対象となる。連結から除外された特殊法人および認可法人については，企業会計の支配従属関係があてはまらないため，持分法は適用されない。

連結財務書類を作成することには意義があるものの，現状では国の会計処理と政府出資法人の会計処理は大きく異なっている。企業会計では連結にあたり，同一の環境の下でおこなわれた同一の性質の取引等については，原則として連結会社間で会計処理の統一を図っているが，国と政府出資法人ではそうした統一を図っていない。そこで，省庁別連結財務書類は参考情報に位置づけられている。

(6) 公会計制度改革の課題

最後に，大塚・金子（2012）および東（2016）も参考にして，公会計制度のさらなる改革に向けた省庁別財務書類および国の財務書類の課題を4点指摘しておきたい。

第1に，複式簿記を採用していないことである。このことにより，複式簿記の貸借の一致という特徴を利用した作成過程での誤りを発見しにくい。誤謬の少ない情報の作成という点で課題が残る。

第2に，連結財務諸表の作成である。国は政府出資法人にも政策を実施させている。また，政府出資法人は政策の実施に必要な財源を調達するため国の保証を受けた債券を発行している。このため，政府出資法人の財務業績および財政状態は国の財政状況に大きな影響を与える。しかし，国の会計処理と政府出資法人の会計処理は大きく異なっている点で課題が残る。

第3に，国の財務書類と行財政運営がつながっていないことである。従来通り予算は現金主義で作成され，行財政運営はこれにもとづいてなされる。そのため，作成した国の財務書類と行財政運営が切り離され，効率的な行財政運営という目的が果たされないという課題が残る。

第4に会計検査と会計情報の信頼性の確保である。「省庁別財務書類の作成基準」のうち法的根拠を有しているのは，特別会計財務書類の作成基準のみである。したがって他の財務書類は会計検査院の検査を受けておらず国会にも提出されていない。そのため信頼性に欠けるという課題が残る。

> Column 3　国際的な公会計基準の動向
>
> 　公会計基準の国際的な動向について目を向けてみよう。まず，ニュージーランドやオーストラリアは政府会計においても企業会計である国際財務報告基準（International Financial Reporting Standards：IFRS）を採用している。英国の中央政府は2000年政府資源・会計法（Government Resources and Accounts Act 2000：GRA法）を制定し，発生主義会計を採用した資源会計・予算を導入している。アメリカは連邦政府の会計連邦会計基準勧告審議会（Federal Accounting Standards Advisory Board：FASAB）が設定し，地方政府の会計基準は政府会計基準審議会（Governmental Accounting Standards Board：GASB）が設定する。特にGASBは発生主義にもとづき貸借対照表を作成している。
>
> 　さらに，国際公認会計士連盟（International Federation of Accountants：IFAC）の理事会は，公会計に関する国際的な会計基準を設定する主体として国際公会計基準審議会（International Public Sector Accounting Standards Board：IPSASB）を設立している。IPSASBの公表する会計基準は，国際公会計基準（International Public Sector Accounting Standards：IPSAS）といい，中央政府，地方政府およびそれらの出資法人を含むすべてのパブリックセクターの一般目的財務諸表に適用される。
>
> 　IPSASは，IFRSを基礎として，公的組織に特有な部分に変更を加える形で作成されている。IPSASは発生主義が原則であるが，一部の国で今なお現金主義が利用されている実情を勘案して現金主義版IPSASも作成されている。多くの国が採用を検討しているが，2017年度現在で採用が完了している国にはマレーシア，タンザニア，エストニアなどが挙げられる。

◆3◆ 国の財務書類の分析

本節では，国の財務書類を用いていかに財務業績や財政状態を評価すればよいのかを説明する。本節(1)および(2)は東（2016, 143-146）を参考にしている。

(1) 国の財務業績

当該年度の総費用が財源で賄われているかどうかと財務業績を定義した場合，国の財務業績は，資産・負債差額増減計算書の財源から本年度業務費用合計を控除した金額と解される。これは，財源余剰または財源不足を意味しており，企業会計における当期純利益（損失）に相当する。

2016年度は財源124兆3,710億円であり本年度業務費用144兆4,671億円であるから，20兆961億円の財源不足が生じていることがわかる（**図表4－10**）。この財源不足は公債金収入で賄われており，将来世代へ負担を先送りしていることになる（将来世代の負担のフロー情報）。

図表4－10 2016年度資産・負債差額増減計算書

(単位：百万円)

		前会計年度 （自 平成27年4月1日） （至 平成28年3月31日）	本会計年度 （自 平成28年4月1日） （至 平成29年3月31日）
Ⅰ	前年度末資産・負債差額	△ 491,998,966	△ 520,803,766
Ⅱ	本年度業務費用合計	△ 143,231,134	△ 144,467,153
Ⅲ	財源	121,527,129	124,371,018
	租税等財源	59,969,371	58,956,256
	その他の財源	61,557,757	65,414,761
Ⅳ	資産評価差額	△ 5,351,916	△ 2,176,725
Ⅴ	為替換算差額	△ 1,063,508	△ 4,287,807
Ⅵ	公的年金預り金の変動に伴う増減	△ 2,163,520	△ 2,908,012
Ⅶ	その他資産・負債差額の増減	1,478,150	1,390,973
Ⅷ	本年度末資産・負債差額	△ 520,803,766	△ 548,881,473

(出所) 財務省（2018c, 5）。

(2) 国の財政状態

　貸借対照表からは国の財政状態が明らかになるが，国には出資者や残余利益請求権者が存在しないため，資産と負債の差額は純資産や正味財産ではない。しかし，資産が過去および現在の世代で蓄積された経済的資源であり，負債が将来の世代が返済すべき義務であるとすると，資産と負債の差額がマイナスになるとすれば，それはこれまでの世代が弁済することのできない将来へ先送りされた負担を意味する。

　図表4－11で示されるように，2016年度の資産・負債差額はマイナス548兆8,814億円であり，将来世代に先送りされている負担を表している（将来世代の負担のストック情報）。2015年度と比較すると約28兆円将来世代の負担額が増えているが，それはなぜであろうか。その要因は，資産・負債差額増減計算書のⅡからⅦをみれば明らかになる。たとえば，28兆円のうち20兆円は財源不足に起因する。

　このように，業務費用計算書，資産・負債差額増減計算書および貸借対照表を通じてフロー情報とストック情報は連関している。第1節で指摘した，網羅的・体系的なフロー・ストック情報が欠如しているという公会計の問題は，省庁別財務書類および国の財務書類の作成によってひとまず解消しているということがわかる。

図表4-11　2016年度貸借対照表

(単位：百万円)

	前会計年度 (平成28年 3月31日)	本会計年度 (平成29年 3月31日)		前会計年度 (平成28年 3月31日)	本会計年度 (平成29年 3月31日)
＜資産の部＞			**＜負債の部＞**		
現金・預金	52,267,723	55,239,666	未払金	10,146,649	10,343,737
有価証券	124,763,559	119,868,932	支払備金	299,438	289,069
たな卸資産	4,446,127	4,285,405	未払費用	1,336,789	1,250,770
未収金	5,811,622	5,611,738	保管金等	766,352	906,814
未収収益	742,119	687,191	前受金	56,046	53,264
未収(再)保険料	4,702,633	4,736,879	前受収益	1,816	4,062
前払費用	3,056,691	1,914,748	未経過(再)保険料	134,866	130,116
貸付金	116,203,995	115,550,240	賞与引当金	308,403	316,794
運用寄託金	106,565,114	109,111,900	政府短期証券	86,382,309	84,660,527
その他の債権等	3,097,927	3,221,957	公債	917,473,470	943,279,091
貸倒引当金	△ 1,920,054	△ 1,764,461	借入金	29,882,130	30,764,461
有形固定資産	180,465,316	181,560,281	預託金	5,565,434	6,546,038
国有財産(公共用財産を除く)	29,311,962	29,855,770	責任準備金	9,740,999	9,698,894
土地	17,100,367	17,430,133	公的年金預り金	115,868,808	118,776,820
立木竹	2,887,795	2,943,594	退職給付引当金	7,684,557	7,215,820
建物	3,368,144	3,383,429	その他の債務等	7,515,598	7,387,103
工作物	2,839,964	2,733,065			
機械器具	0	0			
船舶	1,373,484	1,431,465			
航空機	599,099	715,630			
建設仮勘定	1,143,105	1,218,452			
公共用財産	149,102,248	149,714,932			
公共用財産用地	39,453,220	39,658,807			
公共用財産施設	109,281,657	109,624,055	負　債　合　計	1,193,163,673	1,221,623,389
建設仮勘定	367,371	432,070			
物品	2,023,771	1,963,522	**＜資産・負債差額の部＞**		
その他の固定資産	27,334	26,055	資産・負債差額	△ 520,803,766	△ 548,881,473
無形固定資産	249,497	264,985			
出資金	71,907,631	72,452,450			
資　産　合　計	672,359,907	672,741,915	負債及び資産・ 負債差額合計	672,359,907	672,741,915

(出所)　財務省(2018c, 3)。

(3) 財務指標による分析

財務上の問題点を可視化し，利用者の意思決定に役立てるには，財務指標による分析が有用である。ところが，中央政府は1つしかないためであるのか，残念ながらこれまで分析指標の開発はほとんどおこなわれてこなかった。しかし，時系列比較や場合によっては国と地方自治体との比較も有意義であろうと考えられるから，本テキストでは第5章で用いる地方自治体の分析との整合性も意識しながら，国の財務書類を作成することではじめて明らかになる，国民視点に立ったときの分析結果および分析指標をいくつか提示する。

分析結果は**図表4-12**においてまとめている。

図表4-12 分析の結果

	2013年度	2014年度	2015年度	2016年度
国民1人当たり資産額	5,122,520円	5,342,875円	5,290,215円	5,299,976円
財源対資産比率	6.21年	5.89年	5.53年	5.41年
国民1人当たり負債額	8,971,200円	9,209,666円	9,387,967円	9,624,159円
基礎的財政収支	△24兆4,896億円	△15兆9,931億円	△13兆4,064億円	△18兆6,218億円
資産負債差額比率	△0.751	△0.724	△0.775	△0.816
社会資本等形成の世代間負担比率	5.847	5.960	6.153	6.301
国民1人当たり人件費	32,631円	34,202円	34,438円	34,897円
国民1人当たり年金給付費	344,428円	346,239円	355,080円	360,812円
国民1人当たり地方交付税交付金	159,165円	161,018円	158,848円	155,220円
国民1人当たり運営費交付金費	22,387円	22,929円	22,690円	22,645円
国民1人当たり補助金等	253,520円	244,683円	247,401円	247,040円
国民1人当たり減価償却費	41,216円	41,514円	41,651円	41,727円
業務費用対税収等比率	1.327	1.200	1.179	1.162
人口	1億2,741万人	1億2,723万人	1億2,709万人	1億2,693万人

(出所) 筆者作成。

上記の指標の分析方法およびその解釈は次のとおりである。

① 資産形成度：将来世代に残る資産はどのくらいあるか。
〈資産形成度を測定する指標〉

国民1人当たり資産額＝資産合計÷人口
財源対資産比率＝資産合計÷財源

　財源資産比率は，これまでに形成されたストックとしての資産が資産・負債差額増減計算書における財源の何年分に相当するかを表し，国の資産形成の度合いを測ることができる。

② 世代間衡平性：将来世代と現世代との負担の分担は適切か。
　貸借対照表上の資産，負債および純資産の対比によって明らかにされる。

〈世代間衡平性を測定する指標〉

資産負債差額比率＝資産負債差額÷資産
社会資本等形成の世代間負担比率＝公債合計÷公共用財産

　資産負債差額比率は，将来世代に引き継ぐ資産のうち，資産と負債の差額，すなわち過去の世代および現役世代の負担がどれだけの割合であるかを示す。
　社会資本形成の世代間比率は，社会資本等について将来の償還等が必要な負債による形成割合（公共資産等形成充当負債の割合）を算出することにより，社会資本等形成に係る将来世代の負担の比重を把握することができる。

③ 持続可能性：財政に持続可能性があるか。
〈持続可能性を測定する指標〉

国民1人当たり負債額＝負債合計÷人口
基礎的財政収支＝業務活動収支−前年度繰越額＋利息の支払額

　基礎的財政収支（プライマリーバランス）は現金主義会計の指標であるが，区分別収支計算書を用いることで国の財務書類においても計算できる。基礎的財政収支が均衡している場合には，経済成長率が長期金利を下回らない限り経済規模に対する国債等の比率は増加せず，持続可能な財政運営であるといえる。

④ 効率性：行政サービスは効率的に提供されているか。
〈効率性を測定する指標〉

国民1人当たり業務費用＝各業務費用÷人口

⑤ 弾力性：資産形成等をおこなう余裕はどのくらいあるか。
〈弾力性を測定する指標〉

業務費用対税収比率＝業務費用÷財源

　業務費用対税収比率は，当該年度の税収等のうち，どれだけが資産形成をともなわない行政コストに費消されたのかを把握できる。この比率が100％に近づくほど資産形成の余裕度が低いといえ，さらに100％を上回ると，過去から蓄積した資産が取り崩されたことを表す。

　図表４−13は次のことを示している。人口が減少しているので，1人当たり資産額と負債額の両者が増加している。資産形成度や世代間衡平性の指標は悪化傾向にあるが，弾力性は改善している。弾力性は単年度のフローであるため，財政健全化のための努力をしていることは確認できるが，1を上回っているため，資産形成度や世代間衡平性のストック指標の悪化を食い止めるには至っていない。

　また，参考として国の個別財務諸表と連結財務諸表との比較を示しておきたい。

　独立行政法人は国からの運営費交付金を受領して事業を行っている。そのため，連結財務諸表においては運営費交付金は内部取引となり相殺される。その代わり，人件費や減価償却費が増えることになる。また，年金や地方交付税交付金の支払いは各府省の業務であるため，連結財務諸表においても増減しない。

　注目すべきは内部取引を相殺することによって世代間衡平性の指標は改善することである。したがって，どの範囲を報告主体とするのかによって情報利用者の判断は異なることになる。特に主たる利用者を国民およびその代理人である議員と想定した場合には国の政策実施機関全体の財政活動を網羅的体系的に報告することが必要であると考えられる。

図表4-13　国の連結財務諸表との比較

	2015年度		2016年度	
	個別	連結	個別	連結
国民1人当たり資産額	5,290,215円	7,545,012円	5,299,976円	7,770,567円
財源対資産比率	5.53年	6.81年	5.41年	6.28年
国民1人当たり負債額	9,387,967円	11,203,112円	9,624,159円	11,578,654円
基礎的財政収支	△13兆4,064億円	△15兆291億円	△18兆6,218億円	△23兆8,015億円
資産負債差額比率	△0.775	△0.48	△0.816	△0.49
社会資本等形成の世代間負担比率	6.153	4.30	6.301	4.50
国民1人当たり人件費	34,438円	74,864円	34,897円	75,312円
国民1人当たり年金給付費	355,080円	355,080円	360,812円	360,812円
国民1人当たり地方交付税交付金	158,848円	158,848円	155,220円	155,220円
国民1人当たり運営費交付金費	22,690円	－	22,645円	－
国民1人当たり補助金等	247,401円	229,067円	247,040円	229,783円
国民1人当たり減価償却費	41,651円	61,417円	41,727円	61,688円
業務費用対税収等比率	1.179	1.18	1.162	1.06
人口	1億2,709万人		1億2,693万人	

(出所)　筆者作成。

◆ Exercise ◆

4-1　文言問題
(1) 省庁別財務書類の作成目的と作成方法の特徴を説明しなさい。
(2) 国の財務書類の作成目的とその体系を説明しなさい。

4-2　計算問題
2013年度から2016年度以外の国の財務書類を用いて財務指標を算定しなさい。人口は総務省統計局が公表しているデータを用いなさい。

4-3　考察問題
4-2の結果を図表4-12と比較しなさい。また，なぜこのような状態になっているのかを検討しなさい。

◆参考文献
東信男著・山浦久司監修.2016.『政府公会計の理論と実務』白桃書房.
大塚宗春・金子良太.2012.「政府会計と非営利組織会計の現状と課題」大塚宗春・黒川行治　責任編集『体系現代会計学第9巻　政府と非営利組織の会計』中央経済社.219-254所収.
国土交通省.2018.『平成28年度省庁別財務書類（一般会計・特別会計）』
財務省.2018a.『平成28年度省庁別財務書類（一般会計・特別会計）』
財務省.2018b.『国の財務書類ガイドブック』.
財務省.2018c.『平成28年度国の財務書類（一般会計・特別会計）』.
財務省財政制度等審議会.2004.『省庁別財務書類の作成について（2011年10月31日改訂）』.
総務省.2016.『統一的な基準による地方公会計マニュアル』.

第5章

地方公共団体における「統一的な基準」による財務書類と財務分析

◆本章の目標
❶ 地方公共団体における新公会計基準導入の経緯について説明することができる。
❷ 地方公共団体における統一的な基準の概要について説明することができる。
❸ 地方公共団体の財務指標の目的や数値の意味を理解し,財務分析を実践できる。

◆本章の概要
❶ 地方公共団体では,予算・決算情報を補完する目的で複式簿記・発生主義会計にもとづく「統一的な基準」が近年導入された。
❷ 日本で「統一的な基準」が導入されるに至った経緯を概観し,「統一的な基準」により要求される財務4表の構造や内容の基礎を説明する。
❸ 財務4表を用いて新たに計算することが容易になった財務指標を列挙し,効率性,資産形成度,世代間公平性,持続可能性,弾力性,自律性の6つの観点から大阪市,横浜市,福岡市の3都市の財務指標の解釈を例示する。

◆キーワード
地方公共団体,新公会計基準,統一的な基準,貸借対照表,行政コスト計算書,純資産変動計算書,資産形成度,世代間公平性,持続可能性,効率性,弾力性,自律性

◆1◆ 地方公共団体における新公会計基準導入の経緯

1980年代以降,イギリスをはじめとしたアングロサクソン諸国において,民間企業の経営管理手法を行政組織の合理化と効率化に役立てようとするニュー・パブリック・マネジメント(NPM)が志向され,その後OECD諸国を中心とした世界各国に広がった。特に,1990年代以降にはNPMの一環としてOECD諸国の行政組織において,複式簿記や発生主義会計などの企業会計方式を導入する動きが出てきた。

日本においても,1980年代後半に,一部地方公共団体(大分県臼杵市など)で貸借対照表を作成したりする事例が見られる。1990年代後半には,国も地方公共団体の会計制度改革に取り組み始め,1999年2月には,首相直属の経済戦略会議が最終報告書を提出した。ここで効率的で透明性のある行政を推進する一環として,国ならびに地方公共団体への企業会計方式の導入が表明された。

この表明を受けて,総務省(当時,自治省)は,地方公共団体に企業会計方式の財務諸表を作成して公表する方向へと向かわせる決定をし,1999年6月に地方公共団体の総合的な財政分析に関する調査研究会を設置した。

図表5－1 新公会計基準をめぐる総務省の主な動き

西暦	主なイベント
1999年	地方公共団体の総合的な財政分析等に関する調査研究会　発足
2001年	行政コスト計算書等を含む作成指針(「総務省方式」)を公表
2006年	新地方公会計制度研究会　発足 新地方公会計制度研究会報告書を公表 新地方公会計制度実務研究会報告書を公表 「基準モデル」と「総務省方式改訂モデル」の提示
2010年	今後の地方公会計の推進に関する研究会　発足
2014年	今後の新地方公会計の推進に関する研究会報告書を公表
2015年	「統一的な基準による地方公会計マニュアル」を作成
2016年	地方公会計の活用のあり方に関する研究会　発足 地方公会計の活用のあり方に関する研究会報告書を公表
2018年	地方公会計の活用の促進に関する研究会報告書を公表

(出所)総務省ウェブサイトおよび公表資料から筆者作成。

総務省は，2001年3月の報告書で，決算統計データをもとにした行政コスト計算書と地方公共団体全体のバランスシート（普通会計と普通会計以外の会計のバランスシートを連結したもの）の作成モデルを提示した。この作成モデルを「総務省方式」という。さらに総務省は「地方公共団体の連結バランスシート（試案）」（2005年9月）にて，公社・第三セクター等を含めた連結バランスシートの作成モデルも提示した。

　その後も総務省は，「新地方公会計制度研究会」を設置し，地方公会計のより一層の改革をめざした。そして，2006年5月に同研究会報告書を公表した。そこでは，新たな公会計制度整備の具体的な目的として，①資産・債務管理，②費用管理，③財務情報のわかりやすい開示，④政策評価・予算編成・決算分析との関係づけ，⑤地方議会における予算・決算審議での利用の5つを挙げている。そのうえで，発生主義や複式簿記の考え方を導入した地方公共団体単体と関連団体等も含む連結ベースでの「基準モデル」を設定すること，貸借対照表，行政コスト計算書，資金収支計算書，純資産変動計算書の4つからなる財務書類（以下，財務4表）の整備を標準形とすることを提示している。

　さらに2006年10月に公表された新地方公会計制度実務研究会報告書では，「基準モデル」を原則としながらも，固定資産台帳の整備や複式簿記の導入などの地方公共団体側への過大な負担に配慮し，従来の「総務省方式」からの移行を容易にした簡便法である「総務省方式改訂モデル」も容認している。「総務省方式改訂モデル」では，総務省方式と同じく，複式簿記記録によらないで決算統計データをもとに簡便に財務4表を作成する方法を提示した。このモデルは，固定資産台帳も売却可能資産から順次整えることを容認し，また複式簿記も前提にしないので財務書類の正確性・比較可能性については限界があるが，財務4表作成の普及には一定の効果があった。

　総務省は，2010年に「今後の地方公会計の推進に関する研究会」を発足し，2014年4月，「今後の新地方公会計の推進に関する研究会報告書」（以下，2014年報告書）を公表した。2014年報告書は，今後の地方公会計に関する基本的な考え方や「統一的な基準」を示すことの重要性を明らかにし，そのための固定資産台帳の整備ならびに複式簿記の導入の必要性を強調している。この報告書を受けて総務省は，2015年1月に「統一的な基準による地方公会計マニュア

ル」を作成し，原則として2015年度から2017年度までの3年間ですべての地方公共団体において「統一的な基準」による財務書類等を作成するよう要請した。なお，「基準モデル」と「統一的な基準」では資産評価に関する基準上の文言が異なり，分析上も注意が必要である。

　2016年には「地方公会計の活用のあり方に関する研究会」が発足した。2016年以降は，「統一的な基準」自体の整備は一段落し，総務省は当該基準を前提とした会計情報の具体的な活用方法やその促進へと軸足を移している。

> **Column ❹　地方公共団体における連結財務書類の対象範囲**
>
> 　企業会計では親会社と子会社・関連会社が連結財務諸表の対象となることは知っている読者も多いだろう。形式よりも実質重視になってきてはいるが，持株比率が連結対象を決定する際の重要な基準になっている。しかし，地方公共団体や非営利組織を連結する場合は，株式会社とは異なり資本概念がないため，連結対象を決める基準をどうするかが問題となる。
>
> 　「統一的な基準による地方公会計マニュアル」の「連結財務書類作成の手引き」では，連結財務書類の対象範囲については，地方公共団体と協力して行政サービスを実施している関連団体に該当するか否かで判断するという基準を設定している。具体的には，一部事務組合・広域連合・地方独立行政法人・地方3公社（土地開発公社，地方道路公社，地方住宅供給公社）・第三セクターなどが，地方公共団体の一般会計および特別会計（第6章で扱う地方公営企業会計を含む）とともに連結財務書類の対象になる。
>
> 〈財務書類の対象となる団体〉
>
> | 地方公共団体 | | 一般事務組合 |
> |---|---|---|
> | 一般会計 | 特別会計 うち公営企業会計 | 広域連合 地方独立行政法人 地方3公社 第三セクター等 |
> | 一般会計等 | 地方公営企業会計 | |
>
> ←一般会計等財務書類→
> ←　　全体財務書類　　→
> ←　　　　連結財務書類　　　　→
>
> （出所）総務省「統一的な基準による地方公会計マニュアル」（一部変更）。

◆2◆「統一的な基準」における財務4表

　2014年報告書のとおり統一的な基準による財務書類は財務4表または3表（行政コスト計算書と純資産変動計算書を結合した場合）である。これらの財務書類の作成には，発生主義会計・複式簿記が導入されている。しかし，第3章で学習した従来の現金主義・単式簿記にもとづく予算・決算に係る会計制度に取って代わるものではなく，あくまでも補完的な位置づけである。したがって，情報利用者に関しても，第3章で説明されている内容とほぼ同様であると想定されている。

　本節では，財務分析をおこなうために，（一般会計等の）財務4表について説明する。**図表5－2**は財務4表の構成と相互関係を要約した図である。

図表5－2　財務4表の構成と相互関係

前期末貸借対照表	行政コスト計算書	純資産変動計算書	当期末貸借対照表
資産（うち現金及び現金同等物）／負債／純資産	経常費用／経常収益／臨時損失／臨時収入／純行政コスト	前期末残高／純行政コスト／財源／固定資産等の変動／本年度末残高	資産（うち現金及び現金同等物）／負債／純資産

資金収支計算書：業務活動収支／投資活動収支／財務活動収支／前年度末残高／本年度末残高

（出所）総務省ウェブサイトおよび公表資料より筆者作成。

なお，本テキストでは，財務書類の作成ではなく分析に主眼を置くため財務書類の作成手順や補助簿（固定資産台帳・資産負債内訳簿等）についての詳細な説明は割愛する。しかし，固定資産は地方公共団体の大部分を占めるため，より効率的な資産管理や意思決定をおこなううえで固定資産台帳の内容を吟味することも重要である。さらに，附属明細書および注記にも重要な情報がある可能性もある。

また，第4章第3節(4)公会計制度改革の課題でも触れられているが，財務4表の情報も監査が義務づけられておらず，信頼性に欠ける場合があるという課題が残る。監査を受けていない情報を財務分析に使用する際には注意が必要である。

(1) 貸借対照表

「統一的な基準」における貸借対照表の基本的な様式は，企業会計に用いられているものと類似している（**図表5－3参照**）。

主な特徴としては，有形固定資産が事業用資産，インフラ資産，物品に分類されて表示される点，純資産の部が固定資産等形成分と余剰分（不足分）に区分されている点などがある。資産評価方法については，資産評価開始時には事業投資は原則として取得原価（取得原価の把握が困難な場合は，再調達原価）で評価し，金融投資は原則として市場価格で評価するという考え方と類似したものになっている。

事業用資産は，インフラ資産および物品以外の有形固定資産をいう。インフラ資産は，システムまたはネットワークの一部であること，性質が特殊なものであり代替的利用ができないこと，移動させることができないこと，処分に関し制約を受けることといった特徴の一部またはすべてを有するものであり，たとえば道路ネットワーク，下水処理システム，水道等である。物品は，自治法第239条第1項に規定するもので，原則として取得価額または見積価格が50万円（美術品は300万円）以上のものをいう。

純資産の部における固定資産等形成分は，資産形成に充当した資源の蓄積をいい，原則として金銭以外の形態で保有される。一方で，余剰分（不足分）は，地方公共団体の費消可能な資源の蓄積であり，原則として金銭の形態で保有さ

れる。

図表5－3 貸借対照表の様式

貸借対照表
(　　年　月　日現在)

科　目	金　額	科　目	金　額
【資産の部】 ＜固定資産＞ 　有形固定資産 　　事業用資産 　　　土地 　　　立木竹 　　　建物 　　　建物減価償却累計額 　　　工作物 　　　工作物減価償却累計額 　　　・・・・・ 　　インフラ資産 　　　土地 　　　建物 　　　建物減価償却累計額 　　　工作物 　　　工作物減価償却累計額 　　　・・・・・ 　　物品 　　物品減価償却累計額 　無形固定資産 　　ソフトウェア 　　その他 　投資その他の資産 　　投資及び出資金 　　　有価証券 　　　出資金 　　　その他 　　投資損失引当金 　　長期延滞債権 　　長期貸付金 　　基金 　　　減債基金 　　　・・・・・ ＜流動資産＞ 　現金預金 　未収金 　短期貸付金 　基金 　　財政調整基金 　　減債基金 　棚卸資産 　・・・・・		【負債の部】 ＜固定負債＞ 　地方債 　長期未払金 　退職手当引当金 　損失補償等引当金 　・・・・・ ＜流動負債＞ 　1年内償還予定地方債 　未払金 　未払費用 　前受金 　前受収益 　賞与等引当金 　預り金 　・・・・・	
		負債合計	
		【純資産の部】 　固定資産等形成分 　余剰分（不足分）	
		純資産合計	
資産合計		負債及び純資産合計	

(出所) 総務省「統一的な基準による地方公会計マニュアル」(一部変更)。

> Column 5　地方公共団体における固定資産台帳の整備と活用
>
> 　「統一的な基準による地方公会計マニュアル」の「資産評価及び固定資産台帳整備の手引き」では，固定資産台帳とは，固定資産をその取得から処分に至るまで，その経緯を個々の資産ごとに管理するための帳簿で，所有するすべての固定資産（道路，公園，学校，公民館等）について，取得価額，耐用年数等の情報を網羅的に記載したものと説明されている。
>
> 　各地方公共団体では，「地方自治法」に規定される公有財産台帳や道路台帳等の各種台帳を備えることとなっているが，これらの台帳は数量面を中心とした財産運用の管理・把握を目的としており，資産価値に係る情報の把握が前提とされていない点で，固定資産台帳とは異なる。
>
> 　固定資産台帳は，単に財務4表作成に必要な情報を備えた補助簿としてだけでなく，世代間負担の公平性やセグメント別財務情報をあわせて開示することで，個別の行政評価や予算編成，公共施設の老朽化対策等に係る資産管理等に関する情報を提供する役割も果たす。また，民間事業者によるPPP（パブリック・プライベート・パートナーシップ：公民連携）への参入促進にもつながる。このため，固定資産台帳は公表を前提としている。
>
> 　さらに，固定資産台帳は，内部管理に役立てることも期待されている。たとえば，総務省が策定を要請している「公共施設等総合管理計画」に関連して，公共施設等の維持管理・修繕・更新等に係る中長期的な経費の見込みを算出することや，公共施設等の総合的かつ計画的な管理に関する基本的な方針の充実・精緻化に活用することが挙げられる。

(2) 行政コスト計算書

　行政コスト計算書は，会計期間中の地方公共団体の費用・収益の取引高を明らかにすることを目的として作成され，経常費用，経常収益，臨時損失，臨時利益に区分して表示される（**図表5－4**）。企業会計とは異なり，営業活動による成果である収益は地方公共団体では重視されず，行政サービスを提供することにかかった費用が会計期間中にいくらであったかを明らかにすることに重点が置かれている。

　費用・収益は，毎会計年度に発生するか否かで，経常と臨時に区分される。経常費用はさらに，業務費用と移転費用に分けられる。業務費用はより細かく，

人件費，物件費，その他の業務費用に分類して表示される。特に，人件費に含まれる退職手当引当金繰入額や，物件費に含まれる減価償却費は発生主義会計の導入により新たに開示される項目であり，予算・決算情報を補完する情報である。

図表5－4 行政コスト計算書の様式

行政コスト計算書

自　年　月　日
至　年　月　日

科　目	金　額
＜経常費用＞	
業務費用	
人件費	
職員給与費	
賞与等引当金繰入額	
退職手当引当金繰入額	
その他	
物件費等	
物件費	
維持補修費減価償却費	
その他	
その他の業務費用	
支払利息	
徴収不能引当金繰入額	
その他	
移転費用	
補助金等	
社会保障給付	
他会計への繰出金	
その他	
＜経常収益＞	
使用料及び手数料	
その他	
純経常行政コスト	
＜臨時損失＞	
災害復旧事業費	
資産除売却損	
投資損失引当金繰入額	
損失補償等引当金繰入額	
・・・・・	
＜臨時利益＞	
資産売却益	
その他	
純行政コスト	

（出所）総務省「統一的な基準による地方公会計マニュアル」（一部変更）。

(3) 純資産変動計算書

純資産変動計算書は，会計期間中の地方公共団体の純資産の変動，すなわち政策形成上の意思決定またはその他の事象による純資産およびその内部構成の変動を明らかにすることを目的とする。純行政コスト，財源，固定資産等の変動（内部変動），資産評価差額，無償所管換等およびその他に区分して表示される（**図表5－5**）。純行政コストは行政コスト計算書の収支尻と，また固定資産等形成分，余剰分（不足分）およびその合計額の収支尻は貸借対照表の対応する区分と連動する。

図表5－5 純資産変動計算書の様式

純資産変動計算書
自 年 月 日
至 年 月 日

科　目	合　計	固定資産等形成分	余剰分(不足分)
前年度末純資産残高			
純行政コスト（△） 財源 　税収等 　国県等補助金			
本年度差額			
固定資産等の変動（内部変動） 　有形固定資産等の増加 　有形固定資産等の減少 　貸付金・基金等の増加 　貸付金・基金等の減少 資産評価差額 無償所管換等 その他			
本年度純資産変動額			
本年度末純資産残高			

（出所）総務省「統一的な基準による地方公会計マニュアル」（一部変更）。

(4) 資金収支計算書

資金収支計算書は，地方公共団体の内部者の活動にともなう資金利用状況お

よび資金獲得能力を明らかにすることを目的とする。企業会計のキャッシュ・フロー計算書と類似した業務活動収支，投資活動収支，財務活動収支の3区分により表示される（**図表5−6**）。「統一的な基準」では直接法が採用されている。

図表5−6 資金収支計算書の様式

資金収支計算書

自 年 月 日
至 年 月 日

科　目	金　額
【業務活動収支】 ＜業務支出＞ 　業務費用支出 　　人件費支出 　　物件費等支出 　　・・・・・ 　移転費用支出 　　補助金等支出 　　社会保障給付支出 　　・・・・・ ＜業務収入＞ 　税収等収入 　国県等補助金収入 　使用料及び手数料収入 　・・・・・ ＜臨時支出＞ 　災害復旧事業費支出 　・・・・・ ＜臨時収入＞	
業務活動収支	
【投資活動収支】 ＜投資活動支出＞ 　公共施設等整備費支出 　基金積立金支出 　投資及び出資金支出 　・・・・・ ＜投資活動収入＞ 　国県等補助金収入 　基金取崩収入 　貸付金元金回収収入 　資産売却収入 　・・・・・	
投資活動収支	

【財務活動収支】 ＜財務活動支出＞ 　地方債償還支出 　・・・・・ ＜財務活動収入＞ 　地方債発行収入 　・・・・・	
財務活動収支	
本年度資金収支額	
前年度末資金残高	
本年度末資金残高	

前年度末歳計外現金残高	
本年度歳計外現金増減額	
本年度末歳計外現金残高	
本年度末現金預金残高	

(出所) 総務省「統一的な基準による地方公会計マニュアル」(一部変更)。

　業務活動収支は，行政コスト計算書における細分化と同様に，臨時的な収支を分けて，さらに業務支出は業務費用支出（人件費，物件費，支払利息，その他）と移転費用支出に分類して表示される。業務収入は，税収等収入，国県等補助金収入，使用料および手数料収入およびその他の収入に分類して表示される。

　投資活動収支は，地方公共団体が実施した新規投資や既存の投資からの撤退を把握するのに役立つ情報である。特に，行政コスト計算書の減価償却費や貸借対照表上の各固定資産の増減と見比べることにより，より分析対象の投資行動の理解を深めてくれることが期待できる。また，財務活動収支は，主に地方債の発行や償還による資金の動きを把握することに役立つ情報である。

◆3◆ 地方公共団体（一般会計等のみ）の財務分析

　本節では，第2節で説明した財務4表を用いた財務分析について説明する。「統一的な基準による地方公会計マニュアル」では，大きく効率性，資産形成

図表5－7 大阪市・横浜市・福岡市の財務分析指標

2016年度	（単位）	大阪市	横浜市	福岡市
効率性				
1人当たり純行政コスト	（百万円／人）	0.4	0.3	0.3
資産形成度				
住民1人当たり資産額	（百万円／人）	5.8	2.5	2.0
歳入額対資産比率	（％）	988.8%	612.3%	385.7%
資産老朽化比率	（％）	52.6%	54.7%	58.2%
世代間公平性				
純資産比率	（％）	78.7%	70.7%	50.8%
将来世代負担率	（％）	21.6%	29.7%	59.0%
持続可能性				
住民1人当たり負債額	（百万円／人）	1.2	0.7	1.0
基礎的財政収支	（百万円）	167,125	△ 55,530	23,997
債務償還可能年数	（年）	17.5	N/A	32.2
弾力性				
行政コスト対税収等比率	（％）	94.4%	105.3%	94.1%
自律性				
受益者負担割合	（％）	11.9%	8.2%	7.9%

（出所）公表資料より筆者作成。

度，世代間公平性，持続可能性，弾力性，自律性に分けて財務分析指標が提案されている。この枠組みにもとづいて，大阪市，横浜市，福岡市の各指標を計算し（図表5－7），それぞれについて住民の視点から分析し，解釈をおこなう。なお，大阪市，横浜市，福岡市の人口や他の基礎情報については第3章図表3－4を参照されたい。

(1) **効率性**

効率性の財務指標は，行政サービスは効率的に提供されているかを把握することを目的とする。地方自治法第2条第14項では，「地方公共団体は，その事務を処理するに当っては，住民の福祉の増進に努めるとともに，最小の経費で最大の効果を挙げるようにしなければならない」とされている。企業会計と異なり，行政サービスの成果は収益の数値で表現できない。各行政サービスのアウトプットやアウトカムについては，非財務情報により把握されることもある。しかし，現財務4表はサービスコストの算定に重点があり，対応する効果に関

する情報を把握するのに限界があるため，行政コストを用いた分析指標のみを示す。効果に関する情報の把握が，内部・外部者の両方にとって重要であるという認識は持っておく必要があるだろう。

〈効率性を測定する指標〉

住民1人当たり行政コスト＝純行政コスト÷住民基本台帳人口
（※性質別・行政目的別行政コストも時系列分析に有用である）

　住民1人当たり行政コストは，地方公共団体の行政活動についての効率性を把握する指標である。人口や面積，行政権能等が類似する団体を比較することでコスト面での効率性が評価される。効果に関する情報が把握されないので，一概に比較は難しいが，効果が一定であるという仮定をおいた場合，大阪市が他都市に比べて若干効率性が低い（高コスト）になっていることがわかる。この指標が高くなりすぎると，住民が行政のより一層の効率化を求める際の根拠ともなりうる。

(2)　資産形成度

　資産形成度の財務指標は，将来世代に残る資産はどのくらいあるかを把握することを目的とする。

〈資産形成度を測定する指標〉

住民1人当たり資産額＝総資産額÷住民基本台帳人口
歳入額対資産比率＝総資産額÷一般会計歳入額
資産老朽化比率＝償却資産の減価償却累計額÷償却資産の取得原価
（※性質別・行政目的別資産情報も時系列分析に有用である）

　住民1人当たり資産額は，算定式のとおり現住民1人当たりいくら地方公共団体の資産形成がなされているかが把握できる指標である。大阪市は，1人当たり約580万円の地方公共団体形成資産があり，他都市に比べて将来世代に残る資産額が大きい。

　歳入額対資産比率は，何年分の歳入額にあたる額の資産形成がなされているかを把握する指標である。大阪市では，約10年分の歳入額にあたる資産形成がなされており，この指標でも他都市を上回っていることがわかる。大阪が若年

世代の住民にとっては資産面では魅力的であるといえる。

　資産老朽化比率は，各地方公共団体が保有する資産の平均的な老朽化の程度を把握する指標である。この比率が高ければ高いほど，資産全体の平均的な老朽化が進んでいることを意味する。福岡市が最も高い数値を示しており，資産の老朽化対策が他と比較して遅れていることがわかる。この指標が上がり続けるようだと，住民が資産老朽化対策により積極的に取り組むように求める際の根拠ともなりうる。

(3) **世代間公平性**

　世代間公平性の財務指標は，将来世代と現世代の負担に対する分担は適切になされているかを把握することを目的とする。

〈世代間公平性を測定する指標〉

純資産比率＝純資産額÷総資産額
将来世代負担率＝地方債額÷（有形固定資産＋無形固定資産）

　純資産比率は，地方公共団体の将来世代負担割合を表す。これは，地方公共団体は地方債の発行を通じて現世代と将来世代の負担配分をおこなうからである。つまり，純資産比率が高いと将来世代の負担は比較的小さく，純資産比率が低いと将来世代の負担が大きいことを意味する。福岡市は，大阪市や横浜市と比較すると純資産比率が低く将来世代の負担が大きいことがわかる。

　将来世代負担率は，社会資本のうち将来の償還が必要な負債による形成割合を表す指標である。この指標が高いと，将来世代の負担により社会資本の形成がなされていることになる。この指標においても，福岡市が他の都市よりも将来世代の負担が特に大きいことがわかる。福岡市がインフラ資産額を超える地方債額を発行していることには何か理由がある可能性がある。

　世代間公平性の観点からは，福岡市は現世代と将来世代で公平な配分がなされているか，若年世代や子育て世代の住民からの検討が必要である。

(4) **持続可能性**

　持続可能性の財務指標は，地方公共団体の財務的健全性を把握することを目

的とする。第3章でも触れているが，この目的には第1に地方財政健全化法の健全化判断比率（実質赤字比率，連結実質赤字比率，実質公債費比率および将来負担比率）による分析がおこなわれる。ここで紹介する比率は，財務4表を作成することにより容易に把握できるようになった指標であり，特に退職手当引当金を含めた負債総額や資金収支計算書の再分類化された情報が，分析に考慮される。

〈持続可能性を測定する指標〉

住民1人当たり負債額＝総負債額÷住民基本台帳人口
基礎的財政収支＝業務活動収支＋支払利息支出＋投資活動収支
債務償還可能年数＝（地方債額－減債基金）÷（業務収入－業務支出）

　住民1人当たり負債額は，負債額を各団体間で比較するのに便利な指標である。大阪市は，他都市と比較して若干多い数値になっている。しかし，1人当たり資産額を勘案すると財務健全性に問題がある数値ではないであろう。

　基礎的財政収支は，地方債に関する歳出・歳入の影響を除いた収支バランスを表す指標である。この数値が正の値であれば，マクロ環境が安定している場合に地方債等の比率は増加せず，健全な財政運営がなされていると評価できる。横浜市は，基礎的財政収支が負の値になっており，地方債等の比率が増加する可能性がある。

　債務償還可能年数は，実質債務が経常的な償還財源の何年分あるかを把握する指標である。経常的な償還財源が負の場合には計算されない。横浜市は，業務収支が負になっているため計算されていないが，分析年度は債務返済の原資がないことを意味するためネガティブな評価となる。大阪市は，1人当たり負債額は最も大きいが，返済の原資も勘案すると福岡市よりも優良な数値になっている。

　持続可能性に関しては横浜市が財政収支の観点からは問題を抱えていることがわかった。ただし，本分析は単年度の数値を参照したに過ぎず，当該フロー情報の問題点が一時的なものである可能性もある。今後，地方債等の比率が増加していくかどうか住民の立場からも注視が必要である。

(5) 弾力性

　弾力性の財務指標は，資産形成等をおこなう余力はどの程度あるかを把握することを目的とする。第3章でも，経常収支比率を用いて財政の弾力性を用いた分析がなされたが，発生主義導入により平準化されたコスト情報を用いて，より経常的な弾力性を把握することが可能である。

〈弾力性を測定する指標〉

行政コスト対税収等比率＝純行政コスト÷財源（純資産変動計算書）

　行政コスト対税収等比率は，資産形成をともなわない行政活動に係る行政コストに一般財源のどれくらいの割合が投入されているのかを把握する指標である。この値が，100％を下回っている場合には大きく下回っているほど，資産形成の余裕度が高いといえる。一方で，100％を上回っている場合は，過去から蓄積している資産が取り崩されていることを意味する。横浜市は，2016年度の数値では100％を上回っており，過去から蓄積した資産が取り崩されている状況である。住民からもより一層の行政効率化を求められるであろう。

(6) 自律性

　自律性の財務指標は，受益者負担の割合はどうなっているのかを把握することを目的とする。行政コスト計算書では，発生主義ベースでの使用料および手数料等を含む経常収益を把握することができるため，対応する経常費用と比較することにより発生主義ベースでの受益者負担割合を把握することができる。

〈自律性を測定する指標〉

受益者負担割合＝経常収益÷経常費用

　受益者負担割合は，行政サービスの提供に対する受益者負担（使用料および手数料等）の負担を表す指標である。大阪市は約12％となっており，他都市の値（約8％）に比べて高い数値になっている。大阪市は，受益者負担の助けもあって財政健全化を実現させつつあるのかもしれない。しかし，この指標が高くなりすぎるようだと住民からは不満の声があがる可能性がある。

(7) 第3章の分析内容（図表3-5）との関連

(3)の世代間公平性の観点から，福岡市が他の2都市と比較してストックの面では将来世代に不利な数値になっていた。しかし，図表3-5と見比べてみると，商工費率が高く，教育比率も上昇傾向にあることから，資源を将来の発展に配分する姿勢も読み取ることができる。

このように，予算・決算情報だけで見た場合と，財務4表の数値を見た場合とで結論が大きく異なることもありうる。財務4表を，予算・決算情報の補完的な情報として役立てるためにも，本章で学んだ分析と第3章で学んだ分析の両方を総合的に判断することも重要である。そうすることで，より正確な地方公共団体の姿が見えてくるのではないだろうか。

◆ Exercise ◆

5−1 文言問題
(1) 「統一的な基準」における財務4表とは何か答えなさい。
(2) 「統一的な基準」における財務4表の構成と相互関係について説明しなさい。

5−2 計算問題
あなたが居住したい市町村（または東京都23区）を3つ選び，それぞれについて資産形成度，世代間公平性，持続可能性，効率性，弾力性，自律性の各指標を計算しなさい。

5−3 意思決定問題
あなたは5−2で計算した指標や，通勤・通学のアクセス，家賃相場，その他生活要因等を勘案して5−2で挙げた3つのどこに居住したいか考察しなさい。

◆参考文献
総務省．2015a．『統一的な基準による地方公会計マニュアル』．
総務省．2015b．『財務書類等活用の手引き』．
総務省．2016．『統一的な基準による地方公会計マニュアル（2016年5月改訂）』．
山浦久司．2016．「地方公会計制度改革の経緯と現状と課題（第1章）」『新しい地方公会計の理論，制度，および活用実践』日本会計研究学会第75回大会特別委員会最終報告：6−18．
山本清．2016．「公会計制度改革に関する研究レビュー——発生主義情報の効果を中心にして——（第2章）」『新しい地方公会計の理論，制度，および活用実践』日本会計研究学会第75回大会特別委員会最終報告：19−33．
大阪市ウェブサイト
総務省ウェブサイト
福岡市ウェブサイト
横浜市ウェブサイト

第6章 公営企業における会計と分析

◆本章の目標
❶ 公営企業の制度の概要について説明することができる。
❷ 公営企業の財務諸表について説明することができる。
❸ 公営企業の会計情報を分析することができる。

◆本章の概要
❶ 公営企業とは，住民に対し水道や医療，バス・地下鉄，下水道などのサービスを提供する，自治体内の事業である。公営企業には，経済性と公共性を両立することが求められる。
❷ 公営企業の主要な財務諸表としては，損益計算書と貸借対照表が存在する。近年の地方公営企業会計制度の改革により，これらの財務諸表は企業会計の財務諸表により近い内容になった。
❸ 本章では公営企業の中でも自治体病院に焦点を当てて財務分析を解説する。自治体病院の医療サービス提供におけるコスト配分を示す主な指標に，職員給与費比率，材料費比率，減価償却費比率，経費比率がある。また，健全性を測定する指標に，流動比率，自己資本構成比率，固定資産対長期資本比率，経常収支比率，医業収支比率，累積欠損金比率がある。

◆キーワード
公営企業，自治体病院，公営企業会計基準，損益計算書，貸借対照表，サービス提供コストの配分，健全性分析

◆1◆ 公営企業制度の概要

　地方自治体は，役所内だけのサービスにとどまらず，水の供給，医療の提供，バス・地下鉄等の交通サービスの提供，下水道サービスの提供などを行っている。これらのサービスは利用者から料金を受け取ることで，独立採算を原則として運営されている。このようなサービスを提供するのが，公営企業である。

　公営企業に対しては，自治体の事務の一部である以上，地方自治法や地方財政法，地方公務員法が原則として適用される。しかし，これらの法律を公営企業に全面的に適用したのでは，効率的・機動的な事業運営ができないおそれがある。そのため，上記の法律のうち事業運営上の障害となるような規定の適用を排除し，より効率的・機動的に事業運営ができるように制定されたのが，地方公営企業法である。

　公営企業といっても，さまざまな事業が存在し，また地方公営企業法の適用状況も異なる。事業ごとの地方公営企業法の適用状況を整理したのが，**図表6－1**である。

　公営企業の中でも，地方公営企業法がすべて適用される事業のことを，地方公営企業とよぶ（地方公営企業法第2条第1項）。地方公営企業の経営原則は，地方公営企業法で以下のように定められている。

〈地方公営企業法〉

> **第3条**　地方公営企業は，常に企業の経済性を発揮するとともに，その本来の目的である公共の福祉を増進するように運営されなければならない。

　つまり，地方公営企業には経済性と公共性を両立することが求められているのである。

　地方公営企業法がどの程度適用されるかというのは，公営企業の会計のあり方や経営の自由度に大きな影響を与える。地方公営企業法がすべて適用される事業では，公営企業会計制度にもとづき財務諸表が作成される。地方公営企業会計方式を採用した公営企業では，決算報告書や損益計算書，貸借対照表等が作成される。公営企業が作成する損益計算書・貸借対照表は，企業会計におけ

図表6－1　公営企業と地方公営企業法の適用範囲

地方財政法第5条第1号に規定する公営企業

<法適用事業>
（法の規定を適用する事業）

<当然適用事業>	<任意適用事業>
【全部適用事業】 ●水道 ●工業用水道 ●交通（軌道） ● 〃 （自動車） ● 〃 （鉄道） ●電気 ●ガス	←自主的適用
【財務規定等適用事業】 ●病院	

<法非適用事業>
（法の規定を適用しない事業）
- ●交通（船舶）
- ●簡易水道
- ●港湾整備
- ●市場
- ●と畜場
- ●観光施設
- ●宅地造成
- ●公共下水道
- ○その他下水道
- ○介護サービス
- ○駐車場整備
- ○有料道路
- ○その他
（有線放送等）

※●のついたものは、地財法第6条に規定する特別会計設置義務のある公営企業

（出所）「地方公営企業法の適用に関するマニュアル」。

る損益計算書・貸借対照表と類似したものになっている。

　病院事業に典型的にみられるように地方公営企業法の一部適用（財務規定のみ）である場合も，公営企業会計制度にもとづき財務諸表を作成することになる。財務規定の適用は，経営成績・財政状態の把握が可能になる，企業経営を弾力的におこなうことができるようになるなどの効果があるとされる。公営企業の中には地方公営企業法が非適用のものもある。総務省は法非適用事業の経営改善を進める観点から，それらの事業に対して地方公営企業法の財務規定の適用を推進している。

　ただし，財務規定のみの一部適用では公営企業の組織トップ（病院長など）の権限が制限され，経営改善がなかなか進まないという指摘もされている。地方公営企業法が全部適用される場合には管理者を置くことができ，この管理者に大きな権限が付与される。つまり，地方公営企業法が全部適用されている場

合には，管理者に経営ノウハウがあればその権限を活用して経営改善を実現できる可能性が高くなる。

本章では次節以降で，読者にとっても身近だと思われる自治体病院を例に取り上げ，財務諸表の内容とその分析方法を解説する。

◆2◆ 公営企業会計基準の概要

ここで，地方公営企業会計と自治体本体の会計との関係を改めて整理しておこう。地方公営企業法では，地方公営企業の管理者は当該地方公営企業の決算を作成し，首長に提出しなければならないとされる。地方公営企業の決算はいわゆる特別会計として，一般会計とは別に決算書が作成される。

それでは，地方公営企業の決算書はどのような会計基準に従って作成されるのだろうか。地方公営企業法では，会計に関する基本的な規定として，経理の方法が以下のように定められている。

〈地方公営企業法〉

> 第20条　地方公営企業においては，その経営成績を明らかにするため，すべての費用及び収益を，その発生の事実に基づいて計上し，かつ，その発生した年度に正しく割り当てなければならない。
> 2　地方公営企業においては，その財政状態を明らかにするため，すべての資産，資本及び負債の増減及び異動を，その発生の事実に基づき，かつ，適当な区分及び配列の基準並びに一定の評価基準に従つて，整理しなければならない。

さらに，地方公営企業法施行令では，会計の原則が以下のように定められている。

〈地方公営企業法施行令〉

> 第9条　地方公営企業は，その事業の財政状態及び経営成績に関して，真実な報告を提供しなければならない。
> 2　地方公営企業は，その事業に関する取引について正規の簿記の原則に従つて正確な会計帳簿を作成しなければならない。
> 3　地方公営企業は，資本取引と損益取引とを明確に区分しなければならない。

> 4　地方公営企業は，その事業の財政状態及び経営成績に関する会計事実を決算書その他の会計に関する書類に明りように表示しなければならない。
> 5　地方公営企業は，その採用する会計処理の基準及び手続を毎事業年度継続して用い，みだりに変更してはならない。
> 6　地方公営企業は，その事業の財政に不利な影響を及ぼすおそれがある事態にそなえて健全な会計処理をしなければならない。

　ここに示されているとおり，経営成績・財政状態を明らかにすることが会計の目的とされており，その意味では企業会計と似通った目的を持っている。具体的な会計方法の内容は，政省令で定めるとされている（地方公営企業法第20条・第35条，地方公営企業法施行令第29条）。

　地方公営企業の会計基準は，近年大幅に見直された。民間企業会計の方式に大きく近づけるような改正がおこなわれたのである。1966年以来，地方公営企業会計制度は大きな見直しがされてこなかった。その一方で民間企業を対象とした会計基準は，国際会計基準とのコンバージェンスの中で大きく見直されてきた。その結果，両者の間に大きな違いが生まれていたのである。この整合性をはかり，相互の比較分析を容易にするというのが見直しをおこなう趣旨の1つであった。それに加えて，地方独立行政法人では2004年に民間企業会計原則に準じた会計制度が導入されており，同種事業の団体間比較のためにも，地方公営企業会計基準を民間企業会計のものに近づける必要があったのである。

　地方公営企業会計基準を見直した結果，2011年度に地方公営企業法施行令等が改正された。そしてその改正内容は，2014年度予算・決算から適用されている。本節では，改正後の損益計算書・貸借対照表を前提に，その内容を紹介する。なお，財務諸表の様式は自治体病院のものを例として取り上げる。

　公営企業の財務諸表は，各自治体のウェブサイト，地方公営企業年鑑のウェブサイト上の個票ファイルで確認でき，自治体病院については病院事業決算状況・病院経営分析比較表でも確認できる。本節では，自治体病院間の比較や年度比較，全国平均や類似平均等のベンチマークとの比較が容易であるという点に注目し，病院事業決算状況の様式にもとづいて財務諸表の内容を解説する。なお，個々の病院の財務諸表についてより詳しく知りたい場合には，各自治体のウェブサイトに掲載されている決算報告書を見るとよいだろう。

(1) 損益計算書

　自治体病院の損益計算書は，病院事業決算状況では**図表６－２**のように収益が上部，費用が下部に示されている。収益は医業収益，医業外収益，特別利益に区分表示されている。ここで医業収益は，入院患者や外来患者に対して医療サービスを提供することによって得られる収益と，その他医業収益（他会計負担金など）に区分される。

　費用は医業費用，医業外費用，特別損失の３つに区分される。医業費用はさらに職員給与費，材料費，減価償却費，経費等に区分されて表示される。医業外費用の内訳では，借入（主に企業債）の利息負担を示す支払利息が重要である。

　損益計算書上では，経常損益と純損益が利益として表示される。経常損益は，自治体病院が１年間に獲得した医業収益と医業外収益の合計額から，医業費用と医業外費用の合計額を差し引いた数値であり，自治体病院が経常的な活動から得た利益を示す。純損益はこれに特別利益を加え，特別損失を差し引いた数値で，自治体病院の１年間の最終的な損益を示す数値である。

　累積欠損金は，自治体病院のこれまでの損失の累計額のうち，繰越利益剰余金，利益積立金，資本剰余金等により補てんできなかった金額を示す重要な数値である。この金額が大きい場合には赤字が何年も続いており，病院経営が危機的な状況にあることを意味する。

　そのほかにも経常収支比率，医業収支比率が損益計算書上で示されているが，これらの比率の意味については次節で解説する。

図表6-2 病院事業決算状況・損益計算書

損益計算書	（千円・%）
区分	決算額
総収益	XXXX
1 経常収益	XXXX
(1)医業収益	XXXX
①入院収益	XXXX
②外来収益	XXXX
診療収入計	XXXX
③その他医業収益	XXXX
（うち他会計負担金）	XXXX
(2)医業外収益	XXXX
（うち国・都道府県補助金）	XXXX
（うち他会計補助・負担金）	XXXX
（うち長期前受金戻入）	XXXX
（うち資本費繰入収益）	XXXX
(3)特別利益	XXXX
（うち他会計繰入金）	XXXX
総費用	XXXX
2 経常費用	XXXX
(1)医業費用	XXXX
①職員給与費	XXXX
②材料費	XXXX
（うち薬品費）	XXXX
（うち薬品費以外の医薬材料費）	XXXX
③減価償却費	XXXX
④経費	XXXX
（うち委託料）	XXXX
⑤研究研修費	XXXX
⑥資産減耗費	XXXX
(2)医業外費用	XXXX
（うち支払利息）	XXXX
(3)特別損失	XXXX
経常損益	XXXX
純損益	XXXX
累積欠損金	XXXX
経常収支比率	XX%
医業収支比率	XX%
他会計繰入金対経常収益比率	XX%
他会計繰入金対医業収益比率	XX%
他会計繰入金対総収益比率	XX%
実質収益対経常費用比率	XX%

（出所）病院事業決算状況から筆者作成。

(2) 貸借対照表

　自治体病院の貸借対照表上では，**図表6－3**のように固定資産・固定負債が流動資産・流動負債よりも上に表示されている。病院は建物・土地はもちろんのこと，高額医療機器を多数所持していることが多く，有形固定資産が非常に大きな金額になる。

　固定資産に対応する形で，固定負債には建設改良費等の財源に充てるための企業債が計上される。2013年度までは地方公営企業会計に特有の科目として「借入資本金」があり，建設または改良のために発行した企業債や他会計から借り入れた長期借入金に相当する金額が，資本金として計上されていた。しかし，現実には借入資本金には償還義務があり，利子も発生していた。そのため，近年の地方公営企業会計の見直しでその大部分が建設改良費等の財源に充てるための企業債（負債）として整理されたのである。

　資本の部は資本金と剰余金に区分され，剰余金はさらに資本剰余金と利益剰余金に区分される。ただし，資本金といっても企業会計のように株式が発行されているわけではない。資本金には当該事業がもともと属していた会計から新たに企業会計として分離するときに引き継いだ資本金や，企業開始後に新たに他会計から出資を受けた額，利益剰余金や資本剰余金から新たに組み入れた額などが計上される。利益剰余金がマイナスになっている自治体病院は多い。これは，赤字が何年も積み重なっていることを意味する。

　なお，作成された財務諸表は自治体の監査委員による審査を経て，議会の認定に付される。

　財務諸表の主要な利用者や彼らの情報ニーズ，活用方法についてまとめたのが**図表6－4**である。自治体病院の損益計算書・貸借対照表を分析することで，病院事業の管理者や院長はその経営状態を判断し，問題がある場合にはその改善方法について考えることができる。議会や首長の立場からは，病院の経営状態について損益計算書や貸借対照表を通じて知ることができ，事業管理者や院長に対して問題点を指摘したり質問を投げかけたりすることが可能になる。地域住民は，病院がこれからも継続的に医療サービスを提供できるような健全な経営状態かどうかを，財務諸表を分析することで判断できるようになるだろう。

図表6－3 病院事業決算状況・貸借対照表

貸借対照表	（千円・％）
区分	決算額
資産合計	XXXX
1 固定資産	XXXX
(1)有形固定資産	XXXX
(2)無形固定資産	XXXX
(3)投資その他の資産	XXXX
2 流動資産	XXXX
(1)現金及び預金	XXXX
(2)未収金及び未収収益	XXXX
(3)貸倒引当金（△）	XXXX
(4)貯蔵品	XXXX
3 繰延資産	XXXX
負債合計	XXXX
1 固定負債	XXXX
(1)建設改良費等の財源に充てるための企業債	XXXX
(2)その他の企業債	XXXX
(3)再建債(特例債含む)	XXXX
(4)建設改良費等の財源に充てるための長期借入金	XXXX
(5)その他の長期借入金	XXXX
(6)引当金	XXXX
(7)リース債務	XXXX
2 流動負債	XXXX
(1)建設改良費等の財源に充てるための企業債	XXXX
(2)その他の企業債	XXXX
(3)建設改良費等の財源に充てるための長期借入金	XXXX
(4)その他の長期借入金	XXXX
(5)引当金	XXXX
(6)リース債務	XXXX
(7)一時借入金	XXXX
(8)未払金及び未払費用	XXXX
(9)前受金及び前受収益	XXXX
3 繰延収益	XXXX
(1)長期前受金	XXXX
(2)長期前受金収益化累計額（△）	XXXX
資本合計	XXXX
1 資本金	XXXX
2 剰余金	XXXX
(1)資本剰余金	XXXX
(2)利益剰余金	XXXX
負債・資本合計	XXXX
不良債務	XXXX
実質資金不足額	XXXX
資本不足額（△）	XXXX
資本不足額（繰延収益控除後）（△）	XXXX

（出所）病院事業決算状況から筆者作成。

図表6-4 財務諸表の主要な利用者，情報ニーズおよび活用方法

利用者	情報ニーズと活用方法
病院事業の管理者・院長	経営状態を判断し，問題がある場合にはその改善方法について考える
議会・首長	病院の経営状態について知り，問題があれば指摘する
地域住民	病院がこれからも継続的に医療サービスを提供できるような健全な経営状態かどうかを判断する

（出所）筆者作成。

次節では，具体的な財務諸表の分析方法を解説する。

◆3◆ 公営企業会計の財務分析：自治体病院

　この節では引き続き自治体病院に焦点を当て，その経営分析の方法を解説する。病院事業は，2016年度の職員数では約22万人にのぼり，地方公営企業全体の職員数の65％を占めている。さらに，決算規模でも4兆5,577億円（全体の26.9％）と下水道に次ぐ大規模事業となっており，地方公営企業の中では人員・金額の両面で重要な事業である。自治体病院は，地方自治体において民間の医療機関が提供することが困難な不採算医療・高度医療を提供する役割や，へき地・離島など民間医療機関の立地が困難な場所での医療提供などの重要な役割を担っている。その反面で，そのような機能を担っていることもあり財務業績が悪化している病院も多数存在し，2016年度には60.6％の自治体病院で経常損失が発生している。このような背景から，近年総務省は公立病院に対して経営改革を求めるガイドラインを示し，経営改革を強く促している。

　本節では自治体病院の(1)医療サービス提供におけるコスト配分，(2)健全性の測定という2つの視点から財務諸表の分析方法を説明する。

　なお，本節の分析対象は横浜市民病院である。横浜市については，本テキストですでに決算書や財務書類を検討してきた。横浜市の病院事業は横浜市の特別会計の1つにあたるものであり，横浜市民病院は横浜市が直営する病院である。横浜市民病院は病床数650床（一般病床624，感染症病床26），地方公営

企業法が全部適用されている病院であり，横浜市内でも有数の病院の1つである。財務諸表は，地方公営企業会計基準が見直されその改正内容が適用になった2014年度から執筆時点で公表されている最新の数値である2016年度までの3年間のものを取り上げる。その中でも，2016年の数値に特に注目して解説をおこなう。なお，損益計算書・貸借対照表の数値は「横浜市病院事業決算報告書その他財務諸表」に掲載されているものを用いる。本節では比較対象になる数値として，病院事業決算状況に示されている2016年度の経営規模区分別の類似平均（横浜市民病院の場合は一般病床500床以上の病院の平均）や，地方公営企業年鑑に掲載されている病院事業全体の平均値を用いる。

(1) 医療サービス提供におけるコスト配分

　医療サービス提供におけるコスト配分を見ることで，その病院が医療サービスを提供するうえでどこに力を入れているかがわかる。また，類似平均と比較することで，当該病院が同程度の規模の病院と比較して効率的に医療サービスを提供することができているかどうかが判断できる。それに加えて，経年比較を見ることによって，自治体病院の経営改善の進捗具合を判断することもできる。総務省は自治体病院に対して2020年度までを対象とした中長期経営計画である新公立病院改革プランを作成することを促しており，そこには財務数値での目標も示されている。この計画の進捗状況を判断する際にも，ここで紹介する指標を用いた経年比較が役立つだろう。

〈医療サービス提供におけるコスト配分を示す指標〉

職員給与費比率＝職員給与費÷医業収益
材料費比率＝材料費÷医業収益
減価償却費比率＝減価償却費÷医業収益
経費比率＝経費÷医業収益

　職員給与費比率は，医業収益に対して職員給与費が占める割合である。医療は労働集約的なサービスであり，職員給与費比率は通常は50％を超える。自治体病院が最もコストを配分している費目が職員給与費になる。この数値が高いことはそれだけ人に対してコストを配分しているということを意味するが，あまりにも高すぎる場合には職員給与費に見合うだけの医業収益を獲得できてお

図表6－5 横浜市民病院・医療サービス提供におけるコスト配分指標

年度	医業収益	職員給与費	材料費	減価償却費	経費
2014	17,977,458	9,122,739	4,372,474	800,661	3,935,678
2015	18,629,415	9,358,892	4,895,976	969,834	3,976,347
2016	19,580,562	9,894,112	5,229,715	1,002,030	4,168,816

年度	職員給与費比率	材料費比率	減価償却費比率	経費比率
2014	50.7%	24.3%	4.5%	21.9%
2015	50.2%	26.3%	5.2%	21.3%
2016	50.5%	26.7%	5.1%	21.3%

(出所)「横浜市病院事業決算報告書その他財務諸表」から筆者作成。

らず，採算が悪化している可能性がある。その一方で，適正な医療サービスを維持する観点からは，この比率があまりにも低すぎることも問題である。なお，病院経営上は医療スタッフを充実させることで診療報酬上さまざまな加算がつくために，スタッフを充実させることで職員給与費の増加以上に医業収益が増加し，結果として職員給与費比率が減少する場合がある（採算が改善する）ことには注意が必要である。横浜市民病院の場合は50.5％であり，類似平均の50.8％と同程度になっている。

　材料費比率は，医業収益に対して医薬材料費がどれだけの割合を占めるかを示す指標である。この比率が高いことは，それだけ医薬品や診療材料にお金をかけていることを意味する。もちろん，提供している医療の内容によっては高額の医薬品・診療材料を使用するためにこの比率が高くなるが，あまりにも高すぎる場合にはその調達・管理・使用に問題が生じていることが考えられるため，注意が必要である。自治体病院では，医薬品・診療材料の一括購入，ジェネリック医薬品の採用率の向上などを通じて，材料費を下げようと努力していることが多い。なお，材料費を薬品費とそれ以外に分けて収益対比率をみるのも有益である。横浜市民病院では，この比率は26.7％であり，類似平均の27.3％よりもやや低くなっている。医薬品や診療材料を効率的に調達し管理・使用していることがうかがえる。

　減価償却費比率は，医業収益に対して減価償却費が占める割合を示す。この割合が高い場合には，医業収益に対して建物や医療機器への投資が過大になっている，もしくは投資したにもかかわらず投資に見合う収益を獲得できていな

いことを示唆する。ただし，この比率が低すぎる場合には医療機器等の更新が十分に進んでおらず老朽化している可能性もあるため，低すぎる場合にも注意が必要である。横浜市民病院の場合は5.1％であり，類似平均の8.6％と比較すると低くなっている。2014年から金額，割合ともに増加しているため，医療機器の更新や新規購入を継続的に行っていると思われる。

　最後に経費比率であるが，これは医業収益に対する経費の割合を示す指標である。経費にはさまざまな費目が含まれる。横浜市民病院の場合は，「平成28年度横浜市病院事業決算報告書その他財務諸表」に経費の内訳が示されており，消耗品費，光熱水費，修繕費，賃借料，委託費などの金額が大きいことがわかる。経費比率以外の比率についてもいえることだが，同規模病院の平均値やその病院が改革プラン上で掲げている目標値と比較することで，比率の改善状況を判断するのがよいだろう。横浜市民病院では経費比率は21.3％であり，類似平均の20.7％と比較してやや高くなっている。

(2) 財務健全性の測定

　財務健全性の測定尺度は，貸借対照表から計算できるものと，損益計算書から計算できるものに分けられる。貸借対照表から計算できるものは，流動比率，自己資本構成比率，固定資産対長期資本比率，損益計算書から計算できるものは，経常収支比率，医業収支比率，累積欠損金比率である。

〈財務健全性を測定する指標〉

流動比率＝流動資産合計÷流動負債合計
自己資本構成比率＝（資本金＋剰余金合計＋評価差額等＋繰延収益合計）÷負債資本合計
固定資産対長期資本比率＝固定資産合計÷（資本金＋剰余金合計＋評価差額等＋固定負債合計＋繰延収益合計）
経常収支比率＝（医業収益＋医業外収益）÷（医業費用＋医業外費用）
医業収支比率＝医業収益÷医業費用
累積欠損金比率＝累積欠損金÷医業収益

図表6-6 横浜市民病院・健全性を測定する指標(1)

年度	流動資産合計	固定資産合計	資産合計(負債資本合計)	流動負債合計	固定負債合計	繰延収益	資本金	剰余金合計
2014	11,638,052	12,119,971	23,758,023	4,436,424	5,190,087	955,267	15,942,748	-2,766,504
2015	11,323,122	12,602,905	23,926,027	4,346,383	5,545,836	1,498,176	15,942,748	-3,407,116
2016	11,122,803	12,531,877	23,654,680	3,612,015	6,251,889	2,065,059	15,942,748	-4,217,030

年度	流動比率	自己資本構成比率	固定資産対長期資本比率
2014	262.3%	59.5%	62.7%
2015	260.5%	58.7%	64.4%
2016	307.9%	58.3%	62.5%

(出所)「横浜市病院事業決算報告書その他財務諸表」から筆者作成。

① 安全性に関する分析

　流動比率は，流動負債に対する流動資産の比率である。流動負債は短期で支払いをしなければならない義務であり，流動資産は短期で支払いに充てることができる資産である。したがって，この比率が高いほど短期的な財務健全性が高いことを意味する。200％以上であれば，短期の支払能力に問題はないとされる。横浜市民病院の場合は300％以上あり，2014年対比で改善されているため，短期の支払能力は十分あるといえるだろう。

　自己資本構成比率は，営利企業の財務分析で使われる自己資本比率と類似した指標である。この比率は，負債資本合計に占める自己資本の割合を示している。この比率が高いほど，借入金の割合が低く，財政状態が健全であることを示す。計算式上に負債である繰延収益が含まれているが，これは固定資産の取得または改良に充てるために受け取った補助金等に相当する金額である。資本的要素が強いが，現在の会計基準上は前もって収受した長期の前受金として負債計上されている。このような性格から，自己資本に類するものとして自己資本構成比率の計算に算入されている。計算式上の評価差額等はその他有価証券の簿価との評価差額を資本の部に計上したものだが，横浜市の場合は評価差額が生じていないようである。横浜市民病院では，総資本のうち約60％が自己資本となっている。

　固定資産対長期資本比率は，営利企業の財務分析でいう固定長期適合率にあたる指標である。この指標は，固定資産購入に充てる資金が長期的に返済すれ

ばよい固定負債や返済の必要のない繰延収益，自己資本で賄われているかどうかを示す指標である。100％以下であれば，長期的な資金源で固定資産が調達されていることを意味するが，100％より大きな値になると，短期に返済しなければならない流動負債も固定資産の調達に充てていることになるので，財務的な健全性に問題があることを意味する。横浜市民病院では62.5％であり，大きな問題はないといえるだろう。

② **収益性に関する分析**

経常収支比率は，自治体病院の経常的な活動の収益性を示す数値である。医業費用と医業外費用の合計が，医業収益と医業外収益の合計で賄われているかを判断するために用いる指標で，100％以上であれば黒字であることを意味する。実務上では最も重視される指標の1つであり，多くの自治体病院はこの比率を100％以上にすることを目標に経営改善に取り組んでいる。横浜市民病院では2014年度以降減少傾向であるものの100％以上を維持しており，健全な経営状況であることを示唆している。

図表6－7 横浜市民病院・健全性を測定する指標(2)

年度	医業収益	医業外収益	医業費用	医業外費用	年度末未処理欠損金
2016	19,580,563	1,601,194	20,353,763	674,305	4,449,440
2015	18,629,416	1,617,326	19,279,241	651,542	3,639,526
2014	17,977,458	1,541,524	18,298,019	603,692	2,998,914

年度	経常収支比率	医業収支比率	累積欠損金比率
2016	100.7％	96.2％	22.7％
2015	101.6％	96.6％	19.5％
2014	103.3％	98.2％	16.7％

(出所)「横浜市病院事業決算報告書その他財務諸表」から筆者作成。

医業収支比率は，自治体病院の本業である医療の収益性を示す指標である。この指標は医業収益で医業費用を賄うことができているかを示しており，100％以上であれば医療サービスの提供から黒字が出ていることを意味する。自治体病院の場合，採算をとることが難しい医療をおこなっている場合や病院がへき地・不採算地区にあることも多く，医業収益が100％以上になることはほと

んどないが，各病院は少しでもこの数値を改善しようと経営努力をおこなっている。横浜市民病院の場合は96.2％であり，類似平均の92.4％と比較すると良好な値になっている。

　累積欠損金比率は，病院がこれまで蓄積してきた累積赤字が医業収益の何倍分あるかを示す指標であり，低いほうが望ましい。横浜市民病院の場合は22.7％であり，2016年度の病院事業全体の平均である54.0％よりも良好な値になっている。

　以上，自治体病院に焦点を当て公営企業の財務諸表分析の方法を紹介してきたが，より精緻な分析をおこなう際には事業内容に関連する非財務指標を活用することも有用である。たとえば病院であれば，病床稼働率，入院患者の平均在院日数，病床の種類と数，診療機能なども分析上有用なデータであり，病院事業決算状況や地方公営企業年鑑の個票に掲載されている。水道事業や交通事業もそれぞれ独自の非財務情報があるため，分析時に参考にするとよいだろう。

◆ Exercise ◆

6-1 文言問題
(1) 公営企業に期待される役割について説明しなさい。
(2) 地方公営企業会計制度の近年の改正経緯について，簡単に説明しなさい。

6-2 計算問題
以下のある公立病院（一般病床528床）の財務諸表を用いて，(1)，(2)，(3)の3つを計算しなさい。また，あなたの関心のある公立病院の(1)から(3)の値をウェブサイトから調べて算定し，各指標について比較分析をおこないなさい。

損益計算書	（千円・%）
区分	決算額
総収益	11,318,444
1 経常収益	11,299,047
(1)医業収益	10,473,788
①入院収益	7,320,108
②外来収益	2,574,204
③その他医業収益	579,476
(2)医業外収益	825,259
…	
(3)特別利益	19,397
総費用	11,641,850
2 経常費用	11,546,662
(1)医業費用	11,315,768
①職員給与費	6,075,327
②材料費	2,191,695
③減価償却費	916,362
④経費	2,061,251
…	
(2)医業外費用	230,894
(3)特別損失	95,188
経常損益	-247,615
純損益	-323,406
累積欠損金	323,320
…	

(1) 職員給与費比率
(2) 経常収支比率
(3) 医業収支比率

6-3 経営判断問題

あなたはA市立病院の職員です。B市立病院，C市立病院は同規模の公立病院について情報収集した結果です。A市立病院の医療サービスのコスト配分の特徴や健全性を判定し，経営者層に向けた提言を考察しなさい。

	2014年度	2015年度	2016年度	2017年度	2018年度
A病院					
総病床数（＝一般病床数）	310	310	310	310	310
職員給与費比率	62.8%	57.2%	60.3%	56.8%	65.2%
材料費比率	26.9%	25.7%	24.5%	20.3%	27.2%
医業収支比率	86.2%	89.4%	87.6%	91.3%	85.1%
B病院					
総病床数（＝一般病床数）	320	320	320	320	320
職員給与費比率	53.0%	56.0%	59.0%	55.0%	54.0%
材料費比率	22.1%	23.5%	24.1%	19.3%	18.7%
医業収支比率	95.3%	92.1%	90.3%	94.3%	96.2%
C病院					
総病床数（＝一般病床数）	300	300	300	300	300
職員給与費比率	57.9%	56.6%	59.7%	55.9%	59.6%
材料費比率	24.5%	24.6%	24.3%	19.8%	23.0%
医業収支比率	90.8%	90.8%	89.0%	92.8%	90.7%

A市立病院の

(1) コスト配分の特徴

(2) 健全性

(3) 提言

◆参考文献

石原俊彦・山之内稔.2016.『自治体病院経営の基礎』関西学院大学出版会．

一般社団法人青山公会計監査研究機構編.2018.『自治体連結経営のための会計・公監査ガイドブック』同文舘出版．

齋藤貴生.2012.『自治体病院の経営改革：原則と実践』九州大学出版会．

自治体病院経営研究会編.2016.『自治体病院経営ハンドブック第23次改訂版』ぎょうせい．
鈴木豊監修・著.2014.『公会計・公監査の基礎と実務』法令出版．
総務省.2012.「地方公営企業が会計を整理するに当たりよるべき指針」．
総務省.2013.「地方公営企業会計制度の見直しについて」．
総務省.2015a.「地方公営企業法の適用に関するマニュアル」．
総務省.2015b.「新公立病院改革ガイドライン」．
総務省.2015c.「地方公営企業会計基準見直しの影響（概要）」．
総務省.2018.「平成28年度地方公営企業年鑑」．
地方公営企業制度研究会編.2014.『やさしい公営企業会計〈第2次改訂版〉』ぎょうせい．
有限責任監査法人トーマツパブリックセクターインダストリーグループ編.2015.『一番やさしい公会計の本〈第1次改訂版〉』学陽書房．

第7章

独立行政法人における会計と分析

◆本章の目標
  ❶ 独立行政法人の設立趣旨,分類およびその特徴を説明することができる。
  ❷ 独立行政法人の財務報告の目的および情報利用者ならびに特有の会計処理について説明することができる。
  ❸ 独立行政法人の財務分析の方法を説明することができる。

◆本章の概要
  ❶ 独立行政法人とは,公共サービスを効率的かつ効果的におこなわせることを目的として設立された法人である。
  ❷ 独立行政法人会計基準は原則として企業会計原則によるものとされ,公共サービスの効率性を高めるためのインセンティブ規定が導入されている。独立行政法人は公共的な性格を有し,国の予算制度の下,税金等の国費による必要な財源措置がおこなわれる。独立行政法人への財源措置とインセンティブの要請とのバランスの調整が求められる。
  ❸ こうした考え方は独立行政法人の財務報告の目的や独立行政法人会計基準に反映されている。この点に留意しながら法人の長の業績評価のための収益性,財務安全性,効率性をいかに分析し,国民負担の程度を分析するのかがポイントとなる。

◆キーワード
  中期目標管理法人,国立研究開発法人,行政執行法人,インセンティブ,行政コスト計算書,損益均衡,目的積立金,運営費交付金

◆1◆ 独立行政法人の概要

(1) 独立行政法人の定義と分類

　本章では，独立行政法人の会計と財務分析の方法について説明する。独立行政法人とは，公共上の見地から確実に実施されることが必要な事務・事業のうち，国が直接実施する必要はないが民間にゆだねると実施されないおそれのあるものなどを効率的かつ効果的におこなわせることを目的として，独立行政法人通則法（以下「通則法」という）および各独立行政法人の名称，目的，業務の範囲等に関する事項を定める法律（以下「個別法」という）の定めるところにより設立される法人をいう（通則法第2条）。独立行政法人は2001年の中央省庁改革等の実施に合わせて創設され，2018年4月1日現在の独立行政法人数は，87法人である。

　独立行政法人は，中期目標管理法人，国立研究開発法人または行政執行法人に分類され，それぞれ目的が異なる。「中期目標管理法人」は，公共上の事務等のうち，その特性に照らし，一定の自主性および自律性を発揮しつつ，中期的な視点に立って執行することが求められるものを国が中期的な期間について定める業務運営に関する目標を達成するための計画にもとづきおこなうことにより，国民の需要に的確に対応した多様で良質なサービスの提供を通じた公共の利益の増進を推進することを目的とする。

　「国立研究開発法人」は，一定の自主性および自律性を発揮しつつ，国が定める中長期的な目標を達成するため科学技術に関する試験，研究または開発を主要な業務として国民経済の健全な発展その他の公益に資する最大限の成果を確保することを目的とする。

　「行政執行法人」は，公共上の事務等のうち，その特性に照らし，国の行政事務と密接に関連しておこなわれる国の指示その他の国の相当な関与の下に確実に執行することが求められるものを国が事業年度ごとに定める業務運営に関する目標を達成するための計画にもとづきおこなうことにより，その公共上の事務等を正確かつ確実に執行することを目的とする。また役職員が国家公務員

の身分を有する。

　ただし，これらの分類を設けたものの，独立行政法人会計基準を検討するための独立行政法人の特性のほとんどに変わりないことから，法人分類ごとに独立行政法人会計基準は設定されなかった。

(2) 独立行政法人の特徴

　独立行政法人は，その設立目的を達成するために業務の質の向上・効率性，自律的な業務運営の確保，業務の透明性の確保を図るよう制度設計されている。

　具体的には，主務大臣の下での政策のPDCAサイクルを十分に機能させるため，第1に主務大臣が目標を定めて業務の有効性・効率性等の観点から独立行政法人の業績を評価して政策実施機能を最大化すること，第2に独立行政法人の業務の透明性を確保するため，法人の長は主務大臣が定めた目標の達成状況に対する説明責任を果たすことが企図されている。ここから，独立行政法人は主務大臣に向けて財務報告をおこなう必要が生じる。

　また，独立行政法人が法人の長のリーダーシップの下で，自主的・戦略的な業務運営をおこない最大限の成果を上げていくため，独立行政法人の自律的な業務運営を確保するため，経営努力を促進するインセンティブを機能させることが必要となる。しかし，独立行政法人は公共的な性格を有し，利益の獲得を目的とした業務運営をおこなわないため，国の予算制度の下，税金等の国費による必要な財源措置がおこなわれる。そのため，独立行政法人への財源措置とインセンティブの要請とのバランスを調整することが求められる。

　また，独立行政法人の会計基準は原則として企業会計原則によるものとされている。しかし，以下の4点で企業とは異なる。第1に事務・事業の実施には国による一定の関与を受けること，第2に国が公共性の高い事務・事業の確実な実施に必要な財源措置を実施すること，第3に出資者に対する剰余金の分配を予定していないこと，第4に出資者に対する剰余金の分配を予定していない財務情報だけでは成果情報が提供されないことである。こうした特徴を踏まえて独立行政法人会計基準は定められている。次節では，独立行政法人の財務報告の目的と会計制度について説明する。

> **Column 6　地方独立行政法人とは**
>
> 　本章は国が設立する独立行政法人について説明するが，地方公共団体が設立する独立行政法人も存在する。
> 　「地方独立行政法人」とよばれるそれらの法人は，住民の生活，地域社会および地域経済の安定等の公共上の見地からその地域において確実に実施されることが必要な事務および事業であって，地方公共団体が自ら主体となって直接に実施する必要のないもののうち，民間の主体にゆだねた場合には必ずしも実施されないおそれがあるものと地方公共団体が認めるものを効率的かつ効果的におこなわせることを目的として，地方独立行政法人法の定めるところにより地方公共団体が設立する（地方独立行政法人法第2条）。また，地方独立行政法人のうち，その役員および職員に地方公務員の身分を与える必要があるものを「特定地方独立行政法人」という。
> 　地方独立行政法人は，たとえば次のような業務を行っている。(1)試験研究，(2)公立大学や高等専門学校の設置および管理，(3)公益性の高い収益事業，たとえば水道，軌道，自動車運送，鉄道，電気，ガス，病院など。（なおこれらは地方独立行政法人法第81条によって「公営企業型地方独立行政法人」と総称される），(4)社会福祉事業，(5)市町村（特別区を含む。以下同じ）の申請等関係事務，(6)公共施設の設置や管理など。
> 　地方独立行政法人の会計は「地方独立行政法人会計基準」に従う。当該基準は2章から構成されており，第1章において地方独立行政法人（公営企業型を除く）に適用される会計基準が定められ，第2章において公営企業型地方独立行政法人に適用される会計基準が定められている。

◆2◆ 独立行政法人会計基準の概要

(1) 独立行政法人の財務報告の目的と情報利用者

　独立行政法人の財務報告は，法人の長の説明責任目的と財務報告利用者の意思決定目的に関して有用な情報を提供するものである。
　総務省独立行政法人評価制度委員会 (2017) は，独立行政法人の特性を踏まえて，財務報告利用者とその代表的な利用者を以下のように整理している。

① **サービス受益者**：サービスを直接的に受益する者，サービスによってもたらされた効果を間接的に受益する者
② **資金提供者**：納税者，債権者，独立行政法人の予算・決算のプロセスに携わる者（国会，主務大臣，関係府省等）
③ **外部評価・監督者**：主務大臣，独立行政法人評価制度委員会，会計検査院，国会
④ **法人内部利用者**：法人の長，理事，監事，職員

また，それぞれの代表的な利用者がどのような情報ニーズを有し活用すると考えられるかを一覧にしたのが**図表7－1**である。

図表7－1 財務報告の利用者，情報ニーズおよび活用方法

利用者	情報ニーズと活用方法
サービス受益者	引き続きサービスの提供を受けるべきかの判断に活用，サービス提供の持続性，独立行政法人の業務運営の効率性および対価の適正性の評価，財務状況の把握
納税者	将来的な国民負担が増えないかの判断，独立行政法人の業務運営が効果的かつ効率的におこなわれているか，もしくは意図したとおりに支出されているかの評価
債権者	元利償還能力についての評価
独立行政法人の予算・決算のプロセスに携わる者	法人の財政運営を確認し，そのプロセスにおける各種判断に活用
主務大臣	独立行政法人の目標策定や評価等，独立行政法人の経営努力や重要な財産の処分にあたっての判断
独立行政法人評価制度委員会	主務大臣による独立行政法人への目標策定や評価等について，必要な意見を述べるにあたっての判断に活用
会計検査院	検査に活用
国会	独立行政法人の個別法の改正等の審議にあたって，調査審議の参考として活用
法人の長，理事および監事	業務運営に関する意思決定に活用
職員	財務報告を通じて勤務先の実態を把握し，業務の改善に活用

（出所）総務省独立行政法人評価制度委員会（2017, 13－15）を参考に筆者作成。

これらの状況を踏まえ，財務報告で提供されるべき情報は次の3点に整理できる。すなわち，①公共性の高いサービスが持続的に提供されるかの判断に資する情報，②業績の適正な評価に資する情報，③財政状態および運営状況の適

切な把握に資する情報である。特に，③の情報の中心となるのは財務諸表であり，財務情報は①および②にも資する。

一方で，①および②のためには非財務情報や将来情報も必要となる。このような情報は，通則法第38条にもとづき，法人の長のリーダーシップにもとづく独立行政法人の業務運営の状況の全体像を簡潔に説明する報告書（事業報告書）を通じて提供される。事業報告書は「独立行政法人の事業報告に関するガイドライン」に則り作成される。

> Column 7　国立大学法人とは
>
> 　「国立大学法人」とは，国立大学を設置することを目的として，国立大学法人法の定めるところにより設立される法人である。本章で説明する独立行政法人とは異なる法律を根拠にしているものの，公共上の見地から確実に実施されることが必要な事務・事業を効率的かつ効果的におこなわせることを目的に設置されるという考え方は通底している。また，業務に必要な財源は運営費交付金によって手当てされるなど，国立大学法人法は同法第35条に列挙される独立行政法人通則法の規定の多くを準用している。このため国立大学法人は，独立行政法人の一形態とみなせる。本章で説明する多くを国立大学法人にあてはめて読むことも有意義であろう。
> 　ただし，国立大学法人制度と独立行政法人制度は特に次の点で異なる。第1に国立大学法人制度では，大学の自主性・自律性により一層配慮する必要がある。このため，通常の独立行政法人制度では，法人の長の任命や中期目標は主務大臣が自由に決められるのに対し，国立大学法人制度では，学長の任命や中期目標の作成に大学の意見が反映される。第2に，評価についても，大学の教育研究の評価をおこなう専門機関である「大学評価・学位授与機構」や，独立行政法人評価委員会とは別に置かれる「国立大学法人評価委員会」でおこなう。第3に，法律の運用にあたって大学における教育研究の特性に配慮しなければならないことを国に義務づけている。
> 　なお，国立大学法人の会計は，「国立大学法人会計基準」に従うが，上記の点に注意したとしても，本章第2節(2)から(6)までの説明は国立大学法人においても同様である。

(2) 財務諸表の体系

　情報利用者のニーズを充足するために独立行政法人の財務諸表の体系は，①貸借対照表，②行政コスト計算書，③損益計算書，④純資産変動計算書，⑤キャッシュ・フロー計算書，⑥利益の処分又は損失の処理に関する書類，⑦附属明細書から構成される。

　貸借対照表は，当該年度末現在における独立行政法人の財政状態を明らかにする目的で作成される。貸借対照表は，資産の部，負債の部，純資産の部に区分され，純資産の部は資本金，資本剰余金，利益剰余金（または繰越欠損金）およびその他有価証券評価差額金に区分される。

　行政コスト計算書は，当該事業年度の行政コストの状況を示すとともに，フルコスト情報を提供する目的で作成される。行政コスト計算書は，コストの発生原因ごとに損益計算書上の費用およびその他の行政コストに分類して行政コストを表示する。行政コスト計算書については後に詳述する。

　損益計算書は，当該事業年度における独立行政法人の運営状況を明らかにする目的で作成される。損益計算書は当該事業年度に属する独立行政法人のすべての費用とこれに対応する収益を記載して当期純利益を表示する。また損益計算書は，後述する目的積立金を算出するための利益または損失を確定するために，当期純利益に必要な項目を加減して，当期総利益を表示する目的も有する。すなわち，損益計算書は，損益の状況を表すとともに，インセンティブを与える仕組みにもとづく独立行政法人の経営努力を反映する利益情報を提供する。

　純資産変動計算書は，独立行政法人の財政状態と運営状況の関係を表すために，当該事業年度における純資産の変動を明らかにする目的で作成される。純資産の当期変動額は，資本金の変動額，利益剰余金（または繰越欠損金）の変動額および評価・換算差額等の変動額に分類される。

　キャッシュ・フロー計算書は，当該事業年度における独立行政法人のキャッシュ・フローの状況を活動別に明らかにする目的で作成される。キャッシュ・フロー計算書は，業務活動，投資活動および財務活動に区分される。

　利益の処分又は損失の処理に関する書類は，当該事業年度における独立行政法人の当期未処分利益の処分または当期未処理損失の処理の内容を明らかにす

る目的で作成される。

独立行政法人の財務6表の連関を示したのが**図表7－2**である。

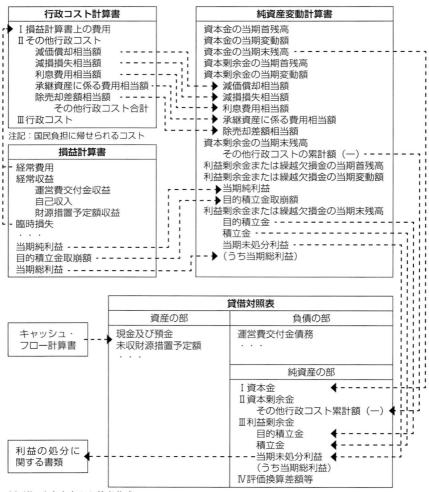

図表7－2　独立行政法人の財務6表の連関

（出所）公表文書から筆者作成。

(3) 目的積立金

　目的積立金制度は，効率的な予算執行を動機づけるための仕組みである。独立行政法人は，自主的かつ自律的な業務運営の動機づけと厳格な予算執行の動機づけの両方を検討しなければならない。独立行政法人の利益処分は，通則法第44条で定められているが，ここには，目的積立金制度が内在されている。

　わが国では，内閣は毎会計年度予算を作成しなければならない。獲得した予算を期末において使い残すと，その分だけ翌年度の予算が減額されるおそれがあるため，公的部門の管理者には非効率であっても予算を使い切ろうという誘因が生じる。そこで，独立行政法人会計基準では法人の長の経営努力と認められる予算の使い残しを目的積立金として翌年度に繰り越し，弾力的な財務運営を可能にすることで，自己収入獲得のための適切な努力と効率的な予算執行を促そうとした。このような予算執行の非効率を是正するような財務会計上の仕組みはこれまでわが国の公的部門においては存在しなかった。

　なお，目的積立金は，中期目標期間中において中期目標を達成するための計画（中期計画）で定めた使途のみに使用できる。中期目標期間の最終年度においては，利益が計上されても積立はおこなわないほか，目的積立金が使用されずに残っていた場合は，積立金に振り替えられる。

(4) 独立行政法人の損益計算

　独立行政法人は，独立採算を前提としておらず，業務に必要となる財源は，運営費交付金によって手当てされる。したがって，業務運営に必要となるコストの見積りが中期計画の中で正しく見積もられていれば，損益計算は均衡するはずである。そこで，黒字になれば少なくとも当初の見積りより効率的業務運営がなされたと期待できるからである。独立行政法人の損益がこのような性格を持つためには，独立行政法人の責任を問えない項目を，損益計算上の費用からは除外する必要がある。目的積立金は黒字分のうち経営努力認定された部分であるから，これはインセンティブ規定であった目的積立金制度を機能させることにもなる。

　収益としては，運営費交付金，自己収入，補助金等および寄附金が挙げられ

る。運営費交付金は，独立行政法人に対して国から負託された業務の財源である。交付金の交付をもってただちに収益と認識することは適当ではないから，運営費交付金は受領時に運営費交付金債務として負債に計上し，業務の進行に応じて負債を収益へ振り替えていく。

　収益化の基準は，業務達成基準である。業務達成基準は，収益化単位の業務ごとに事前に運営費交付金の配分額を定めるとともに，年度末時点の業務の進行を測定し，目的が完全に達成された収益化単位の業務については運営費交付金債務を運営費交付金収益に振り替え収益化をおこなうというものである。これが困難である場合には，期間進行基準や費用進行基準が認められている。また，償却資産を取得した際には，固定負債として資産見返り運営費交付金を計上する。このような損益計算を貸借対照表の観点からみると，債務性のないものが負債に混じることを意味する。

　なお，運営費交付金により償却資産を取得した際は，取得に充てられた運営費交付金の金額を運営費交付金債務から「資産見返運営費交付金」に振り替える。資産見返運営費交付金は負債に計上され，毎事業年度，減価償却相当額を取り崩して「資産見返運営費交付金戻入」として収益に振り替える。

　独立行政法人の損益計算書は，目的積立金を算出するための利益または損失を確定するために，当期純利益に必要な項目を加減して，当期総利益を表示する目的も有する。当期総利益は，当期純利益に目的積立金取崩額を加算した金額である。なぜこのような処理をするのかというと，たとえば，目的積立金を研究費等に充てた場合，

　　　　（借方）○○研究費　　×××　　（貸方）現金預金　　×××

と，仕訳する。このままでは，目的積立金を利用している法人ほど純利益額が小さくなり，動機づけの目的を果たせなくなるおそれがある。そこで，

　　　　（借方）○○目的積立金×××　（貸方）目的積立金取崩額×××

と仕訳し，目的積立金取崩額を純利益に加算した当期総利益を算出し，その金額をもって法人の経営努力を判断する。

⑸　**行政コスト計算書**

　行政コスト計算書はコストの発生原因ごとに損益計算書上の費用およびその他行政コストに分類して，行政コストを表示している。行政コストは，独立行政法人の業務運営に係るフルコストである。
　その他行政コストとは，減価償却相当額，減損損失相当額，利息費用相当額，承継資産に係る費用相当額および除売却差額相当額に分類され，これらに該当する取引は独立行政法人会計基準第20注15において列挙される。
　これらの取引の特徴は，運営費交付金の算定対象とならない，政策の企画立案主体である国との関係において独立行政法人だけでは意思決定が完結しえない行為である，または管理者と国との関係において管理者に裁量権がないと思われる等の理由で独立行政法人の管理者の責に問えないコストが生じている点である。これらを損益計算書上の費用に計上することは適当ではない。
　たとえば独立行政法人が固定資産を取得するにあたり，国は，国有財産の現物出資あるいは施設費の交付をおこなう（国の予算において公債発行対象になる）場合があるが，当該資産の減価償却費に対しては，運営費交付金は交付されず，かつその他の収益の獲得も予定されていないため，対応させるべき収益が存在しない。こうした資産の減価償却費が損益計算上の費用であると，資産を多数保有する独立行政法人は，構造的に巨額の赤字になりやすい。これにより黒字化は現実的に達成不可能な目標となるため，インセンティブを阻害することになりかねない。したがって，このような資産の減価償却相当額を損益計算書に記載することは適当ではない。さらに，このような資産の更新の際には国により改めて必要な措置が講じられるはずである。そこで，行政コストではあるが損益計算には含めないコストを，その他行政コストとして計上している。
　しかし，最終的に納税者たる国民が負担する費用は独立行政法人のフルコストたる行政コストではない。そこで，独立行政法人の業務運営に関する国民負担を明らかにする目的で，国民の負担に帰せられるコストを行政コスト計算書に注記しなければならない。
　国民の負担に帰せられるコストは，行政コストから自己収入等，法人税等および国庫納付額を控除し，国または地方公共団体の資源を利用することから生

じる機会費用を加算することで算定される。国や地方公共団体の資産を民間部門などの他の法人に利用させたり，融資すればより収益性が高かったにもかかわらず，公共の利益に資することを考慮し，独立行政法人に利用させたり融資すれば機会費用が生じる。機会費用は，会計上の費用ではないが，これを国民が負担すると考え，国民の負担に帰せられるコストの一部としている。

(6) 独立行政法人の検査および監査

　独立行政法人は，会計検査院の検査対象である。特にその資本金の2分の1以上を国が出資している場合は必要的検査対象となり，必ず検査を受けなければならない。

　また，独立行政法人（その資本の額その他の経営の規模が政令で定める基準に達しない独立行政法人を除く）は，財務諸表，事業報告書（会計に関する部分に限る）および決算報告書について，監事の監査のほか，会計監査人の監査を受けなければならない（通則法第39条）。政令で定める基準とは，資本金の額が100億円に達しないかつ負債の部の合計額が200億円に達しないことである（独立行政法人の組織，運営及び管理に係る共通的な事項に関する政令第3条）。会計監査人は，主務大臣が選任し（通則法第40条），会計監査人は，公認会計士または監査法人でなければならない（通則法第41条）。

Column 8　独立行政法人の旧基準における行政サービス実施コスト計算書

　独立行政法人会計基準は2000年に施行されて以来これまで数度の改訂を経ているが，直近の改訂は2018年9月3日である。直近の改訂で大きな変更内容の1つは，これまで作成されることが義務づけられていた「行政サービス実施コスト計算書」が廃止されたことである。2018年度までの財務諸表は，旧基準で作成されているため，本コラムでは行政サービス実施コスト計算書について簡単に説明したい。

　行政サービス実施コスト計算書は，当該事業年度における独立行政法人の業務運営に関し国民負担に帰せられるコストを明らかにする目的で作成される。

　行政サービス実施コストとは，独立行政法人の業務運営に関して，国民の負担に帰せられるコストである。行政サービス実施コストは，業務費用，

独立行政法人の責に問えない費用，および機会費用からなる。業務費用とは，損益計算書上の費用から自己収入等を差し引いた金額である。自己収入等は，利用者または受益者から回収した収益，寄附金や資産運用収益などであり，納税者である国民の負担するコストとは区別されると考える。

行政サービス実施コスト計算書の構造をT勘定で表したものが，下記である。

＜行政サービス実施コスト計算書の構造＞

（出所）筆者作成。

なお，行政コスト計算書に注記される国民の負担に帰せられるコストは，行政サービス実施コストに対応している。

◆3◆ 独立行政法人の財務分析

(1) 独立行政法人の財務分析の視点

本節では独立行政法人の財務分析について説明する。独立行政法人の財務諸表は，サービス受益者や資金提供者の利用のみならず，主務大臣などによる管理会計的な業績評価での利用も含まれる。またそのことは財務諸表の体系や損益計算に反映されている。

具体的には，損益計算書および貸借対照表を利用すれば収益性，財務安全性および効率性が明らかになるが，これは国民にとって有用であるものの主務大臣の視点に立った業績評価としての意味合いが強い。また，行政コスト計算書およびその注記を利用すれば国民負担が明らかとなる。これは主務大臣にとっても有用であるが，国民視点の意味合いが強くなる。

(2) 独立行政法人国立科学博物館と独立行政法人国立美術館の分析

以下では，中期目標管理法人のうち，独立行政法人国立科学博物館と独立行政法人国立美術館を例に財務分析をおこなう。

独立行政法人国立科学博物館は，博物館を設置して，自然史に関する科学その他の自然科学およびその応用に関する調査および研究ならびにこれらに関する資料の収集，保管および公衆への供覧等をおこなうことにより，自然科学および社会教育の振興を図ることを目的としている。上野，筑波，白金台の主に3地区で事業を展開している。2017年度における標本数は約460万点であり，2013年から2017年の平均入館者数は約230万人である。

独立行政法人国立美術館は，美術館を設置して，美術（映画を含む）に関する作品その他の資料を収集し，保管して公衆の観覧に供するとともに，これに関連する調査および研究ならびに教育および普及の事業等をおこなうことにより，芸術その他の文化の振興を図ることを目的としている。東京国立近代美術館，京都国立近代美術館，国立映画アーカイブ，国立西洋美術館，国立国際美術館，国立新美術館の6つの美術館を設置している。2017年度における美術作品数は4万3千点，映像資料数は8万本であり，2013年から2017年の平均入館者数は370万人である。

まず，2015年度から3年間の主要な財務数値および入館者数の推移を示す（**図表7－3**）。

図表7-3 主要な財務数値

◆国立科学博物館 (単位:円)

	2015年度	2016年度	2017年度
総資産	73,735,434,003	72,308,455,209	71,647,498,239
負債	2,760,558,087	2,812,527,151	3,261,359,503
純資産	70,974,875,916	69,495,928,058	68,386,138,736
総費用	3,691,414,201	3,482,187,404	3,542,043,908
総収益	3,760,495,239	3,446,119,279	3,574,577,613
当期純利益	69,081,038	-36,068,125	32,533,705
自己収入等	842,009,882	949,629,406	1,108,893,723
国民の負担に帰せられるコスト	4,484,867,013	4,105,496,656	3,922,352,454
入館者数	230万人	247万人	288万人

◆国立美術館 (単位:円)

	2015年度	2016年度	2017年度
総資産	186,221,521,512	191,280,977,051	195,579,877,701
負債	3,765,104,905	4,163,700,722	4,901,939,448
純資産	182,456,416,607	187,117,276,329	190,677,938,253
総収益	6,147,069,582	6,214,044,135	6,448,102,101
総費用	5,959,913,115	5,802,813,701	6,134,024,708
当期純利益	187,156,467	411,230,434	314,077,393
自己収入等	1,661,972,476	1,882,525,961	2,217,012,626
国民の負担に帰せられるコスト	6,723,047,470	6,370,877,080	6,408,005,500
入館者数	277万人	437万人	490万人

(注) 国民の負担に帰せられるコストは,行政サービス実施コスト計算書における行政サービス実施コストである。
(出所) 各法人の財務諸表から筆者作成。

これにもとづいて算出した財務分析指標が**図表7-4**である。

図表7－4 財務分析指標

◆国立科学博物館

	2015年度	2016年度	2017年度
総収益当期純利益比率	1.84%	-1.05%	0.91%
自己収入等割合	22.39%	27.56%	31.02%
寄附金比率	0.94%	1.46%	0.77%
固定長期適合率	99.87%	100.18%	100.12%
要支払負債比率	1.27%	0.92%	1.23%
人件費比率	42.73%	47.43%	46.37%
減価償却費率	46.05%	50.00%	53.64%
当年度国庫負担比率	77.61%	72.44%	68.98%
国民1人当たりコスト	35.20円	32.34円	31.21円

◆国立美術館

	2015年度	2016年度	2017年度
総収益当期純利益比率	3.04%	6.62%	4.87%
自己収入等割合	27.04%	30.29%	34.38%
寄附金比率	5.76%	4.90%	6.15%
固定長期適合率	99.80%	99.70%	99.55%
要支払負債比率	1.06%	0.73%	0.65%
人件費比率	26.02%	26.79%	26.00%
減価償却費率	37.27%	39.98%	42.67%
当年度国庫負担比率	72.96%	69.71%	65.62%
国民1人当たりコスト	52.77円	50.19円	50.99円

（出所）各法人の財務諸表から筆者作成。

　これらの指標について収益性，財務安全性，効率性および国民負担の4つの視点に分けてさらに考察していきたい。

① 収益性

　収益性は当年度，独立行政法人の長が経営努力によってどれだけ収益や余剰を確保したかを示す。

〈収益性を測定する指標〉

総収益当期純利益比率＝当期純利益÷総収益（＝経常収益＋臨時利益）
自己収入等割合＝自己収入等÷総収益
寄附金比率＝寄附金収益÷総収益

　独立行政法人の場合，インセンティブ制度があるため，収益性の指標はいずれも高いほど望ましい。総収益当期純利益比率は全体的な収益性を示す。国立科学博物館は損益がほぼ均衡しているのに対し，国立美術館は営利企業と比較してもそん色ないほどの収益性があることがわかる。

　独立行政法人の運営は基本的に運営費交付金によって賄われるが，高い自己収入等割合や寄附金比率は多様な収益獲得先があることを示している。自己収入等割合は国立科学博物館，国立美術館ともに近年上昇してきている。また，寄附金比率からも国立美術館の収益性の高さがうかがえる。こうした点から国立科学博物館より国立美術館のほうが総収益当期純利益比率が高いのであろうということが推察できる。

② 財務安全性

　財務安全性は独立行政法人の債務返済力を示す。

〈財務安全性を示す指標〉

固定長期適合率＝固定資産÷（純資産＋固定負債）
要支払負債比率＝要支払負債÷総資産
（要支払負債＝負債－運営費交付金債務－資産見返負債－寄附金・補助金債務）

　固定資産が返済の必要のない純資産と返済期限の長い固定負債を原資として取得されていれば財務的なリスクが少なくなる。これは100％以下でなければならない。さもなければ短期的な資金で長期的に使用する資産を取得していることになるからである。

　要支払負債比率は，返済の必要のある負債を保有する資産でどれだけ返済できるかを示している。低いほうが望ましい。なお，独立行政法人には負債勘定に計上されていたとしても債務性のないものが存在する。そのため，それらを

調整しなければならない。

　図表 7 - 5 からわかるように国立美術館と国立科学博物館の財務安全性はきわめて高い。必要な財源は運営費交付金によって手当てされるためそもそも負債によって資金調達をおこなう必要がないからである。しかし，独立行政法人の個々の法人の安全性が高くとも国民の負担が低いことを必ずしも意味しないことに注意しなければならない。

③　効率性

　効率性は，独立行政法人が公共サービスをどの程度効率的に提供しているかを示している。

〈効率性を測定する指標〉

人件費比率＝人件費÷総収益
減価償却費率＝減価償却累計額÷償却資産取得原価

　人件費比率は国立美術館よりも国立科学博物館のほうが高い。そのため，国立科学博物館のほうが労働集約的であるといえる。また，国立新美術館など建物が新しいこともあり，減価償却費率は国立科学博物館よりも低くなっている。

④　国民負担

　国民負担は，国民の視点で独立行政法人の運営にどの程度の財源を負担しているかを示す指標である。

〈国民負担を測定する指標〉

当年度国庫負担比率＝1－自己収入等割合
国民1人当たりコスト＝国民負担に帰せられるコスト÷人口

　同じ便益を受けられるのであれば国民にとって基本的には国民負担は低いほうが望ましい。当年度国庫負担比率は自己収入等割合が高ければ当年度国庫負担比率は低いため，収益性の高さと国民負担の適正性は関連している。

◆ Exercise ◆

7－1　文言問題
(1) 独立行政法人の設立趣旨と根拠法を述べなさい。
(2) ① 中期目標管理法人に分類される独立行政法人を2つ挙げ，主な業務を説明しなさい。
　　② 国立研究開発法人および行政執行法人に分類される独立行政法人を1つずつ挙げ，主な業務を説明しなさい。

7－2　仕訳問題
以下の(1)から(4)の取引を仕訳しなさい。
(1) ×1年5月1日にA法人に運営費交付金が現金で1,000千円交付された。
(2) ×1年度決算日におけるA法人の業務達成度合いは60％であった。
(3) B法人は運営費交付金を原資に建物6,000千円を現金で取得した。
(4) 決算が到来し(3)で取得した建物の減価償却費200千円を計上する。

7－3　計算問題
下記はある法人の損益計算書と行政サービス実施コスト計算書の一部を抜粋したものである。

（単位：百万円）

	2016年度	2017年度	2018年度
入場料	1,500	1,600	1,400
寄付金	372	220	520
総収益	6,200	6,300	6,500
総費用	6,000	6,100	5,900
国民の負担に帰せられるコスト	6,700	6,300	6,400
人口	1億3,000万人	1億2,500万人	1億2,000万人

(1) 各年度の収益性と国民負担を測定しなさい。
(2) 経年の傾向を説明しなさい。

◆参考文献

東信男著・山浦久司監修.2016.『政府公会計の理論と実務』白桃書房.
国立科学博物館.2018.『平成29年度　事業報告』.
総務省行政管理局.2000.「独立行政法人会計基準および独立行政法人会計基準注解（2018年9月3日改訂）」.
総務省独立行政法人評価制度委員会.2017.『独立行政法人の財務報告に関する基本的な指針』.
若林利明.2013.「エイジェンシー理論による独立行政法人会計基準の再検討－管理不能費用および目的積立金の会計処理を中心に－」『会計検査研究』(47)：229－255.

第3部

公共サービス提供法人の会計

第8章　公益法人における会計と分析
第9章　社会福祉法人における会計と分析
第10章　学校法人における会計と分析

第8章

公益法人における会計と分析

◆本章の目標
- ❶ 公益法人制度の歴史と概要について説明することができる。
- ❷ 公益法人会計基準について説明することができる。
- ❸ 公益法人の会計情報を分析し,経営判断ができる。

◆本章の概要
- ❶ 公益法人は旧民法第34条によって設立されてきた歴史を有する法人形態であるが,現在は公益法人制度改革がなされた影響によって,一般社団・財団法人が公益性の認定を受けることで成立している。
- ❷ 公益法人会計基準に準拠した場合,貸借対照表とキャッシュ・フロー計算書に加えて,正味財産増減計算書が作成される。これは貸借対照表の正味財産の部の増減について収益と費用の記録から計算されるものであり,公益法人にしかない特徴である。
- ❸ 公益法人における財務分析では,サービスの提供努力を測定するために,正味財産増減計算書における公益目的事業費と管理費を用いるとよい。これらは経常収益で除することで比率を出すことができる。また,財務健全性を示すためには,一般正味財産増減や,貸借対照表上の正味財産を用いることによって,サービス提供の継続性を測定することができる。

◆キーワード
公益法人制度改革3法,一般社団・財団法人,
一般正味財産,指定正味財産,公益法人会計基準,下水道公社,
公益目的事業比率,一般正味財産増減比率,正味財産比率

◆1◆ 公益法人制度の概要

(1) 民法改正と公益法人制度改革

　公益法人とは日本のなかで最も歴史のある法人形態の１つである。その歴史は1898年に施行された民法第34条によって，公益事業を担う法人形態として規律されたことにはじまる。その後，2008年に民法改正が施行され，同時に施行された公益法人制度改革３法によって，民法とは異なる根拠法にもとづく法人となった。民法第34条によって成立した旧公益法人には５年間の経過措置が与えられ，特例民法法人として，５年間のあいだに公益性の認定を受けた場合は公益法人となるが，そうでない場合は一般社団・財団法人となるか，解散することが規定された（**図表８－１**）。

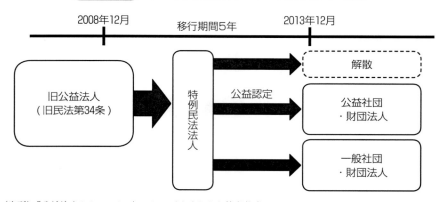

図表８－１　公益法人制度改革による旧公益法人の対応

（出所）「公益法人 information」のウェブサイトから筆者作成。

〈旧民法第34条〉

学術，技芸，慈善，祭祀，宗教その他の公益に関する社団又は財団であって，営利を目的としないものは，主務官庁の許可を得て，法人とすることができる。

〈公益法人制度改革3法〉
- 一般社団法人及び一般財団法人に関する法律
- 公益社団法人及び公益財団法人の認定等に関する法律
- 一般社団法人及び一般財団法人に関する法律及び公益社団法人及び公益財団法人の認定等に関する法律の施行に伴う関係法律の整備等に関する法律

現在，公益法人とは，公益法人制度改革3法の1つである「公益社団法人及び公益財団法人の認定等に関する法律（以下，認定法と称する）」により公益性の認定を受けた一般社団法人や一般財団法人の総称をいう。公益法人を認定する目的は次のように記されている。

〈認定法〉

第1条 内外の社会経済情勢の変化に伴い，民間の団体が自発的におこなう公益を目的とする事業の実施が公益の増進のために重要となっていることにかんがみ，当該事業を適正に実施し得る公益法人を認定する制度を設けるとともに，公益法人による当該事業の適正な実施を確保するための措置等を定め，もって公益の増進及び活力ある社会の実現に資すること

(2) 公益法人の現況

公益法人に対しては，2006年9月20日の閣議決定によって定められた「公益法人設立認可審査基準等に関する申し合わせ」，および「公益法人の運営に関する指導監督基準」にもとづいて，毎年度「公益法人に関する年次報告」が公表されてきた。公益法人制度改革3法施行後も年次報告は継続され，毎年度公益法人に関する現況について詳細に報告がなされている。

2013年「公益法人の概況」調査結果によると，制度施行前の24,317特例民法法人のうち，9,050法人が公益法人へ移行し，11,679法人が一般社団・財団法人に移行していることが示されている。公益法人は後述する公益性の認定を公益認定等委員会から受けることが必要であるが，公益性が認定された場合，税制優遇措置などを享受することができる。公益法人は，2009年には88法人であったが，2016年には9,458法人となっており，最近では増加率が停滞しているものの，法人数が増えたことがわかる。

公益法人は都道府県市町村である地方公共団体から一定の規制のなかで公務

員も派遣されており，歴史的に行政とのつながりが深い法人形態であるといえる。公共サービスの広がりとともに，政策研究所や美術館，博物館，シルバー人材センターなど，多様な公益法人が新法のもとで成立しており，地方公共団体と連携しながら今後も公益の増進のためにきわめて重要な役割を担うことが予想される。

(3) 公益性の認定

公益法人は一般社団・財団法人が公益認定を受けた法人形態である。内閣府および各都道府県において公益認定等委員会が組織され，公益認定の申請を受けた法人に対して，2008年に公表された「公益認定等に関する運用について（公益認定等ガイドライン）」によって，公益性の有無が検討されることになる。

公益法人には，認定法によって定められているように，「公益目的事業」の実施を主たる目的とすることが求められる。公益目的事業とは，「学術，技芸，慈善その他の公益に関する（同法の）別表各号に掲げる種類の事業であって，不特定かつ多数の者の利益の増進に寄与するもの」（第2条第4号）のことである（**図表8－2**参照）。申請時には，公益目的事業比率の見込みが50%以上であるかが認定可否の基準となる。

公益目的事業をおこなうためには，経理的基礎が要求される。それは，財政基盤の明確化，経理処理・財産管理の適正性，情報開示の適正性の3つである。第1に，財政基盤の明確化とは，貸借対照表および収支予算書等によって，財政状態を確認し，法人の事業規模を踏まえたうえで，今後の財務の見通しを確認することである。第2に，経理処理・財産管理の適正性とは，財産の管理・運用に法人の役員が適切に関与しており，主務官庁への提出資料のなかで十分な会計帳簿を備えることである。最後に，情報開示の適正性とは，外部監査を受けることが推奨され，そうでない場合には監事を公認会計士または税理士が務めていることである。

このように，基礎的な経理能力をはじめ，公益目的事業比率や遊休財産というような具体的な会計情報が公益性の認定の判断に用いられていることが公益法人の特徴の1つである。

図表8-2 公益目的事業の類型

1. 学術及び科学技術の振興を目的とする事業
2. 文化及び芸術の振興を目的とする事業
3. 障害者若しくは生活困窮者又は事故,災害若しくは犯罪による被害者の支援を目的とする事業
4. 高齢者の福祉の増進を目的とする事業
5. 勤労意欲のある者に対する就労の支援を目的とする事業
6. 公衆衛生の向上を目的とする事業
7. 児童又は青少年の健全な育成を目的とする事業
8. 勤労者の福祉の向上を目的とする事業
9. 教育,スポーツ等を通じて国民の心身の健全な発達に寄与し,又は豊かな人間性を涵養することを目的とする事業
10. 犯罪の防止又は治安の維持を目的とする事業
11. 事故又は災害の防止を目的とする事業
12. 人種,性別その他の事由による不当な差別又は偏見の防止及び根絶を目的とする事業
13. 思想及び良心の自由,信教の自由又は表現の自由の尊重又は擁護を目的とする事業
14. 男女共同参画社会の形成その他のより良い社会の形成の推進を目的とする事業
15. 国際相互理解の促進及び開発途上にある海外の地域に対する経済協力を目的とする事業
16. 地球環境の保全又は自然環境の保護及び整備を目的とする事業
17. 国土の利用,整備又は保全を目的とする事業
18. 国政の健全な運営の確保に資することを目的とする事業
19. 地域社会の健全な発展を目的とする事業
20. 公正かつ自由な経済活動の機会の確保及び促進並びにその活性化による国民生活の安定向上を目的とする事業
21. 国民生活に不可欠な物資,エネルギー等の安定供給の確保を目的とする事業
22. 一般消費者の利益の擁護又は増進を目的とする事業
23. 前各号に掲げるもののほか,公益に関する事業として政令で定めるもの

(出所)「公益社団法人及び公益財団法人の認定等に関する法律別表」より筆者作成。

◆2◆ 公益法人会計基準の概要

　公益法人は一般社団・財団法人が公益性の認定を受けることで成立するが,一般社団・財団法人が法律によって求められるのは,計算書類等(各事業年度

の計算書類，事業報告書，およびこれらの附属明細書）の事務所への備え置きと，社員および債権者から請求があった場合の対応である（一般社団法人及び一般財団法人に関する法律第129条）。しかし，公益性の認定を受けた場合，公益法人会計基準に準拠して作成された計算書類を毎会計年度終了後3ヵ月以内に行政庁に提出しなければならず，行政庁は公益法人から提出を受けた計算書類について閲覧や謄写の請求があった場合，実施しなければならない（認定法第22条）。

具体的には，公益法人の行政庁の代表である内閣総理大臣および都道府県知事には，公益法人の活動の状況などについての調査や分析をおこない，公益法人に関するデータベースの整備を図り，国民にインターネットその他の高度情報通信ネットワークの利用を通じて迅速に情報を提供できるよう必要な措置を講ずることが求められる（認定法第57条）。公益法人における会計情報は「公益法人 information」というウェブサイトによって毎年度開示され，国民はいつでも確認することができる。

公益法人会計基準によると，会計情報の代表的な利用者は，市民，寄附者などの外部利用者と，公益法人内での内部利用者である。特に寄附者の優先順位がやや高い点がほかの法人形態とは異なる。適正な財務報告に向けて，理事の職務執行を監査し，監査報告書の作成を監事が行っている。また，①収益の額が1,000億円未満，②費用および損失の額の合計額が1,000億円未満，③負債の額が50億円未満，のいずれかの要件を充たさない場合には会計監査人の設置が義務づけられている。

公益法人の主たる利用者と，その情報ニーズ，情報の活用についてまとめたのが**図表8－3**である。公益法人の経営者は，自らの法人経営に資するよう，法人の財政状態や経営成績について確認し，必要があれば対策を立てることができる。また，公益法人に寄附したいと考えている者は，法人のコスト配分，財務健全性についての情報を手に入れ，寄附先の選定に活用することができるだろう。さらに，公益法人は公益認定等委員会から公益認定を受けることに特徴を持つが，公益目的事業比率や遊休財産を用いて公益認定の判断基準として活用されている。その他の情報利用者として，受益者や求職者などが考えられる。受益者は法人のコスト配分，財務健全性についての情報を手に入れ，サービスを利用する法人の選択に活用することが考えられる。一方，求職者は経営

の健全性を評価し，就職する法人選びに活用できるだろう。

図表8－3 想定される財務報告の利用者，情報ニーズおよび活用方法

利用者	情報ニーズと活用方法
経営者	自らの法人経営に資するよう，法人の財政状態や経営成績について確認し，必要があれば対策を立てる
寄附者	法人のコスト配分，財務健全性についての情報を手に入れ，寄附先の選定に活用
公益認定等委員会	公益目的事業比率や遊休財産を用いて公益認定の判断基準として活用
受益者	法人のコスト配分，財務健全性についての情報を手に入れ，サービスを利用する法人の選択に活用
求職者	経営の健全性を評価し，就職する法人選びに活用

　公益法人会計基準は「公益法人の財務諸表及び附属明細書並びに財産目録の作成の基準を定め，公益法人の健全なる運営に資することを目的」（第1条）とされ，貸借対照表，正味財産増減計算書を計算書類として定義している。そして，これらの書類は監査の対象となる。以下では，財務分析に用いる正味財産増減計算書と貸借対照表について解説する。

(1) 貸借対照表と正味財産

　貸借対照表は「当該事業年度末現在におけるすべての資産，負債及び正味財産の状態を明りょうに表示するものでなければならない」（公益法人会計基準第2の1）であり，企業会計とほぼ同じであるが，企業会計の純資産の部が正味財産の部となっている点が異なる。正味財産とは，資産から負債を除いたものに等しく，当該法人が保有する財産のことである。公益法人会計基準上は，貸借対照表の正味財産の部において，指定正味財産と，それ以外のすべての財産を示す一般正味財産に区分表示されている。

　図表8－4は公益法人の貸借対照表を示している。指定正味財産は，寄附者等から受け入れた財産についてその使途に制約が課されている財産のことをいう。指定正味財産以外の正味財産は，一般正味財産として区分経理される。なお，正味財産には基金も存在するが，少し複雑であることから，本章では省略している。

図表8－4 公益法人の貸借対照表

貸借対照表
○○年○月○日現在
(単位：円)

I 資産の部	II 負債の部
1．流動資産 　現金預金 　…… 2．固定資産 (1)基本財産 　土地 　…… (2)特定資産 　退職給付引当資産 　○○積立資産 　…… (3)その他固定資産 　……	1．流動負債 　未払金 　…… 2．固定負債 　退職給付引当金 負債合計 **III 正味財産の部** 1．指定正味財産 　国庫補助金 　…… 2．一般正味財産 　…… 正味財産合計
資産合計	負債および正味財産合計

（出所）公益法人会計基準から筆者作成。

　このなかで資産には，正味財産とひもづく基本財産や特定資産が含まれるようになっている。すなわち，公益法人会計基準上は，正味財産として計上されるものは，資産の部で維持すべき資産として，特定表示されるようになっている。それ以外のものは流動資産やその他の固定資産として表示される。

　このような正味財産の部と資産の部とのひもづきに加えて，公益認定においては遊休財産額の保有についても制限がなされている。遊休財産とは，公益法人における財産の使用や管理の状況，財産の性質にかんがみて，公益目的事業または公益目的事業をおこなうために必要な収益事業等その他の実務または活動のために使用されておらず，引き続き使用される見込みのない資産のことをいう。具体的には，当該事業年度の資産の額から，負債および控除対象財産の帳簿価額の合計額から対応負債の額を控除した額の2つを引いたものである。控除対象財産については認定法およびガイドラインで記載があるためここで詳しい説明は割愛するが，遊休財産額が当該年度の公益実施費用額を超えた場合は公益性の認定が取り消される場合もある。

(2) 正味財産増減計算書と公益目的事業比率

　次に，企業会計における損益計算書と近い，正味財産増減計算書について説明する（**図表8－5参照**）。正味財産増減計算書は，貸借対照表上の正味財産の部の増減を示すものであるが，他の公会計にはない特徴を持つ計算書である。

　図表8－5のように正味財産増減計算書では，一般正味財産の増減について計算される。経常収益と経常費用に分けて記載がなされ，当期経常増減額が算定されることになる。その後，経常外増減額について，経常外収益から経常外費用を引いた額で示され，当期一般正味財産増減額が計算される仕組みとなっている。一方，指定正味財産増減の部においては，一般正味財産とは別に指定正味財産増減額が計算されている。これは指定正味財産に対する拠出者からの受託責任を示すものとしてとらえられている。

　正味財産増減計算書のなかでもう1つ重要であるのは，公益目的事業比率を算定するための，事業費と管理費の区分についてである。他の法人形態における会計基準と異なるのは，事業費および管理費の両方に人件費が組み込まれていることである。事業費とは，当該法人の事業の目的のために要する費用のことであり，管理費とは，法人の事業を管理するため，毎年度経常的に要する費用のことである（認定法第5条第7号，公益認定等ガイドライン7）。

　各種規定では，事業費は目的のために要しているのかについての判断であることから，管理費の区分に関する定義が積極的になされ，また事業費と管理費の共通費用に関しては，実態に応じて区分算定されることとなっている。たとえば，管理費の場合，総会・評議員会・理事会の開催運営費，登記費用，役員報酬，会計監査人監査報酬などが公益認定等ガイドラインで例示されており，専務理事等の役員報酬や人件費は専従割合に応じて，また管理部門で発生する費用は，事業費に算入する可能性のある費用として実態に応じて算入するものとされる。

図表8-5 公益法人の正味財産増減計算書

正味財産増減計算書
〇〇年〇月〇日から〇〇年〇月〇日まで
(単位：円)

Ⅰ 一般正味財産増減の部	
1．経常増減の部	
(2)経常費用 　事業費 　　給与手当 　　臨時雇賃金 　　退職給付費用 　　・・・・・・・ 　管理費 　　役員報酬 　　給与手当 　　退職給付費用 　　・・・・・・・	(1)経常収益 　基本財産運用益 　特定資産運用益 　受取会費 　事業収益 　受取補助金等 　受取負担金 　受取寄附金 　・・・・・・・
その他評価損益等	
当期経常増減額	
2．経常外増減の部	
(2)経常外費用 　固定資産売却損 　・・・・・・・	(1)経常外収益 　固定資産売却益 　・・・・・・・
当期経常外増減額	
当期一般正味財産増減額	
Ⅱ 指定正味財産増減の部 　受取補助金等 　・・・・・・・ 　一般正味財産への振替額 　・・・・・・・ 　当期指定正味財産増減額	
Ⅲ 正味財産期末残高	

(出所) 公益法人会計基準から筆者作成。

◆3◆ 公益法人の財務分析

　本節では，第2節で説明した公益法人の財務情報を用いた分析について説明する。公益法人においても，第2章で紹介したように，公益目的事業を継続的に実施するための財務健全性と，公益目的事業比率の確保というサービス提供水準の維持という2つが要求される。したがって，財務分析で重要な論点は，

永続的に公益目的事業比率を維持しながら，公益目的事業を提供できるかについてである。

本節では，公益法人に対する財務分析について，より読者の学習を進めるために，公益財団法人として認定された下水道公社を事例として紹介する。下水道公社は地方公共団体の下水道サービスを担う法人のことであり，全国で18の地方公共団体において公益財団法人として設立され，運営されている（**図表8－6**参照，2018年7月現在）。なお，下水道公社は公益法人という法人形態以外にも，独立行政法人や公営企業として運営される場合がある。このなかで情報開示が積極的におこなわれている関東に所在する埼玉県，千葉県，神奈川県の3つの下水道公社を比較しながら財務分析することで，その特徴を確認する。

図表8－6 公益財団法人下水道公社の一覧

公益財団法人岩手県下水道公社，公益財団法人福島県下水道公社，**公益財団法人埼玉県下水道公社，公益財団法人千葉県下水道公社，公益財団法人神奈川県下水道公社，**公益財団法人山梨県下水道公社，公益財団法人長野県下水道公社，公益財団法人石川県下水道公社，公益財団法人富山県下水道公社，公益財団法人福井県下水道公社，公益財団法人三重県下水道公社，公益財団法人和歌山県下水道公社，公益財団法人香川県下水道公社，公益財団法人新潟県下水道公社，公益財団法人岡山県下水道公社，公益財団法人鳥取県下水道公社，公益財団法人広島県下水道公社，公益財団法人福岡県下水道公社

（出所）筆者作成。

(1) 3つの公益財団法人下水道公社の概要

関東圏で公益財団法人として運営する下水道公社は，埼玉県，千葉県，神奈川県の3つである。それぞれ流域下水道の維持管理が中心的な業務であり，事業報告書によって要約した場合，**図表8－7**の事業を実施していることが確認できる。事業報告書には，県や県内市との協力によって，各都道府県が設置する下水道の維持管理業務をおこなうこと，また県や県内市と連携した事業を実施することが示されている。

図表8－7を確認すると，3つの公益財団法人下水道公社の事業内容はほぼ同じであり，下水道に関する普及啓発事業を進めながら，河川および下水道の

管理事業をおこなっていることが読み取れる。ただし、神奈川県下水道公社はほかと異なる点として、下水道に関する職員研修事業などを実施している。また、3つの下水道公社の扱う流域は、埼玉県が圧倒的に広い。

図表8－7　各下水道公社の概要

法人名	埼玉県下水道公社	千葉県下水道公社	神奈川県下水道公社
事業内容	・普及啓発事業 ・調査研究事業 ・維持管理運営事業	・普及啓発事業 ・管理事業 ・建設事業	・管理事業 ・下水道の水質分析等受託事業 ・普及啓発事業 ・職員研修事業 ・調査事業
流域	・荒川左岸南部 ・荒川左岸北部 ・荒川右岸 ・中川 ・古利根川	・印旛沼 ・手賀沼 ・江戸川左岸	・相模川 ・酒匂川

（出所）各下水道公社の事業報告書から筆者作成。

流域による傾向は財務諸表においても同様である。**図表8－8**は3つの各下水道公社について総資産額を比較しながら、5ヵ年の時系列推移を示している。埼玉県は40億円から50億円、千葉県は35億円から43億円で推移しているが、神奈川県は14億円から25億円と比較的小さい。

図表8－8　各下水道公社における総資産額の時系列推移

（単位：千円）

	2013年度	2014年度	2015年度	2016年度	2017年度
埼玉県	4,062,180	5,582,802	4,143,913	4,877,779	5,101,087
千葉県	3,548,521	4,163,166	3,223,948	3,788,859	4,373,634
神奈川県	1,665,718	1,455,372	2,069,474	1,677,621	2,529,012

（出所）各下水道公社の決算書から筆者作成。

(2) 公益目的事業比率の算定と活用

3つの下水道公社に対する財務分析をおこなうために、サービスの努力水準を測定する。ここでは、第2節で紹介したように、公益性の認定において用い

られる公益目的事業費を経常収益で除した公益目的事業比率と，公益目的事業費以外の管理費について費用の総額（公益目的事業費＋収益事業等の費用＋管理費）で除した管理費比率を用いることによって，経常収益のうち，どの程度が公益目的事業に用いられているのかについて特定する。公益目的事業比率は高いほど公益目的事業に効率よく用いていると考えられ，管理費比率は低いほど望ましい。

〈サービスの努力水準を測定する2つの指標〉

> 公益目的事業比率＝公益目的事業費÷（公益目的事業費＋収益事業等の費用＋管理費）
> 管理費比率＝管理費÷（公益目的事業費＋収益事業等の費用＋管理費）

図表8－9は，それぞれの下水道公社における公益目的事業比率について，5年間の時系列推移を下水道公社比較で示したものである。この結果によれば，各下水道公社の公益目的事業比率は95％を超えていることから，ほぼすべての資源を公的目的事業に費やしていることがわかる。なお，管理費比率は経常外損益に関する項目がない場合は1から公益目的事業比率を引くことでも求めることができ，本章で取り上げている3つの下水道公社においてもあてはまる。したがって，3つの下水道公社において管理費比率は非常に小さいといえる。なお，下水道公社の主要事業では，下水道の管理業務による収益が99％以上を占めていることから，もし下水道の管理業務が収益事業としてみられた場合は，公益性の認可を受けることは難しいであろう。

図表8－9 公益目的事業費比率

	2013年度	2014年度	2015年度	2016年度	2017年度
埼玉県	99.64%	99.62%	99.60%	99.60%	99.68%
千葉県	95.55%	96.66%	97.44%	97.47%	99.58%
神奈川県	99.97%	99.97%	99.98%	99.98%	99.97%

（出所）各下水道公社の決算書から筆者作成。

(3) 財務健全性の算定と活用

次に，財務健全性の分析は，企業を対象とした安全性の分析に類似しており，

正味財産増減計算書および貸借対照表を用いておこなう。財務健全性の分析について，以下の3つの指標が代表例である。

〈健全性を測定する3つの指標〉

流動比率＝流動資産÷流動負債
一般正味財産増減比率＝一般正味財産増減÷経常収益
正味財産比率＝正味財産÷総資産

　流動比率および負債比率は安全性の分析と同じであるが，下水道公社の場合，すべての法人で負債の部に借入金が存在せず，その多くが退職給付引当金である。流動比率は100％を上回っていることから，流動比率や負債比率ともに問題ない。

　ここでは3つの下水道公社における公益目的事業の永続性を判定するために，一般正味財産増減比率と正味財産比率という，正味財産を使った分析を試みる。一般正味財産増減とは，損益計算書上の当期純利益に近しい算定値である。したがって，これを経常収益で除するということは，企業会計の財務分析でいうROSに類似した割合を示すことが可能である。同様に，正味財産比率は，自己資本比率を示すものに近しい考えとなる。

　図表8-10は3つの下水道公社における一般正味財産増減比率（Panel A）と正味財産比率（Panel B）を示している。まず，一般正味財産増減比率および正味財産比率では，千葉県下水道公社は他県と比べて非常に優良であることが読み取れる。千葉県下水道公社の一般正味財産増減比率は2017年までは2％を超えており，正味財産比率も30％を超え，非常に優れた値である。ただし，2017年には一般正味財産増減比率が1％未満となっており，大きな正味財産比率が公共サービスとして住民に還元されていないことを示した可能性がある。もし読者が千葉県民であるならば，このような財務分析の結果は，水道料の値下げ交渉の材料となるかもしれない。

　一方，埼玉県および神奈川県ではしばしば一般正味財産増減比率がマイナスになっている。また，正味財産比率も千葉県に比べて非常に小さな値である。この結果は，千葉県に比べた場合，両県の財務健全性が低いことを示している。したがって，もしこれ以上に財務健全性が毀損された場合，公益目的事業の維

持のために，水道料金の値上げがもたらされるかもしれない。

図表8−10 財務健全性に関する下水道公社の時系列推移

	2013年度	2014年度	2015年度	2016年度	2017年度
Panel A 一般正味財産増減比率の時系列推移					
埼玉県	-0.023%	0.117%	0.067%	0.002%	-0.143%
千葉県	4.283%	3.508%	2.180%	2.236%	0.328%
神奈川県	0.026%	0.024%	0.010%	-0.003%	-0.021%
	2013年度	2014年度	2015年度	2016年度	2017年度
Panel B 正味財産比率の時系列推移					
埼玉県	4.537%	3.685%	5.262%	4.479%	3.717%
千葉県	26.146%	28.529%	39.900%	36.802%	32.379%
神奈川県	8.093%	9.394%	6.647%	8.183%	5.356%

（出所）各下水道公社の決算書から筆者作成。

◆Exercise◆

8-1　文言問題
(1) 公益法人における公益性の認定について説明しなさい。
(2) 公益法人制度改革について旧民法第34条の改正と合わせて説明しなさい。

8-2　計算問題
　以下のある公益法人の財務諸表を用いて，(1)公益目的事業比率，(2)一般正味財産増減比率，(3)正味財産比率の3つを計算しなさい。ただし，当年度末および前年度末の純資産はそれぞれ20,410,238円，17,180,864円とします。また，あなたの関心のある公益法人の(1)から(3)の値をウェブサイトから調べて算定し，各指標について比較分析をおこないなさい。

正味財産増減計算書
20XX年4月1日から20XX年3月31日まで

(単位:円)

科目	当年度	前年度	増減	備考
Ⅰ 一般正味財産増減の部				
1. 経常増減の部				
(1) 経常収益				
①基本財産運用益	135,432	23,534	111,898	
②特定資産運用益	12,012	15,323	△ 3,311	
③受取会費	2,000,202	1,050,405	949,797	
④受取補助金等	2,345,675	1,234,564	1,111,111	
⑤受取負担金	2,342,355	2,344,543	△ 2,188	
⑥受取寄付金	1,000,000	1,000,000	0	
⑦雑収益	0	0	0	
経常収益計 (A)	7,835,676	5,668,369	2,167,307	
(2) 経常費用				
①事業費	4,503,213	3,452,545	1,050,668	
給料手当	2,405,324	1,234,233	1,171,091	
臨時雇用賃金	0	0	0	
退職給付費用	0	0	0	
福利厚生費	875,052	890,961	△ 15,909	
その他事業費	1,222,837	1,327,351	△ 104,514	
②管理費	342,423	324,321	18,102	
経常費用計 (B)	4,845,636	3,776,866	1,068,770	
当期経常増減額	2,990,040	1,891,503	1,098,537	
2. 経常外増減の部				
経常外費用				
当期経常外増減額	△ 10,280	0	△ 10,280	
当期一般正味財産増減額	2,979,760	1,891,503	1,088,257	
一般正味財産期首残高	13,524,232	11,632,729	1,891,503	
一般正味財産期末残高	16,503,992	13,524,232	2,979,760	
Ⅱ 指定正味財産増減の部				
当期指定正味財産増減額	0	0	0	
指定正味財産期首残高	0	0	0	
指定正味財産期末残高	0	0	0	
Ⅲ 正味財産期末残高	16,503,992	13,524,232	2,979,760	

(1) 公益目的事業比率

(2) 一般正味財産増減比率

(3) 正味財産比率

8-3 経営判断問題

公益法人を1つ取り上げ，同規模同業種の公益法人を検索し，公益目的事業比率や健全性を判定し，経営者層に向けた提言を考察しなさい。

A公益法人の
(1) 公益目的事業比率
(2) 健全性
(3) 提言

◆参考文献

会田義雄．1984．「非営利組織体の財務諸表のあり方—公益法人会計基準の見直しに関連して」『企業会計』36(3):348-357．
岡村勝義．2011．「公益法人会計基準の現状と課題」『會計』179(4):495-507．
金子良太．2010．「制約が付された寄付の会計処理—公益法人会計基準・FASB基準・CASB基準の比較」『非営利法人』46(12):15-24．
黒木淳．2018．「第8章 公益法人における公益目的事業比率の決定要因」『非営利組織会計の実証分析』177-190．
内閣府公益認定等委員会．2013-14．「公益法人に関する概況」．
内閣府公益認定等委員会．2015-17．「公益法人の概況及び公益認定等委員会の活動報告」．
内閣府公益認定等委員会．2008a．『公益法人会計基準』．
内閣府公益認定等委員会．2008b．『「公益法人会計基準」の運用指針』．
内閣官房行政改革推進室ウェブサイト『公益法人等改革について』．
守永誠治．2010．「わが国公益法人会計の系譜」『商経学叢』50(3):325-347．

第9章
社会福祉法人における会計と分析

◆本章の目標
❶ 社会福祉法人の制度の概要について説明することができる。
❷ 社会福祉法人財務諸表について説明することができる。
❸ 社会福祉法人の会計情報を分析することができる。

◆本章の概要
❶ 社会福祉法人は，社会福祉サービスを提供することを主な目的とする法人である。社会福祉法人は社会福祉法にもとづいて設立され，具体的には介護サービス，保育サービス，障害者福祉サービス，その他の社会福祉に関連するサービスを提供している。
❷ 近年，社会福祉法人をめぐる制度は大きく変わってきた。社会福祉法人の会計基準にも，大きな変化があった。2015年度以降はすべての社会福祉法人が新しい会計基準にもとづいて財務諸表である①事業活動計算書，②資金収支計算書，③貸借対照表を作成することが要請されている。
❸ 社会福祉法人の財務分析は，売上高に占める各費目の比率を用いるコスト配分と，健全性の分析という2つに大別される。コスト配分については，人件費比率や事業費比率，事務費比率，減価償却費比率などを，健全性は流動比率，固定長期適合率，純資産率，事業活動差額率などでみることができる。

◆キーワード
社会福祉法人，介護，社会福祉法人会計基準，内部留保，事業活動計算書，資金収支計算書，貸借対照表，サービス提供コストの配分，健全性分析

◆1◆ 社会福祉法人制度の概要

　社会福祉法人とは，社会福祉サービスを提供することを主な目的とする法人である。社会福祉法人は社会福祉法に基づいて設立され（社会福祉法第22条），社会福祉事業を営む。社会福祉事業には第一種社会福祉事業と第二種社会福祉事業があるが，第一種社会福祉事業をおこなうことができるのは，国，地方公共団体および社会福祉法人だけである。社会福祉法人は第一種および第二種の社会福祉事業を主たる事業として経営しており，具体的には介護サービス，保育サービス，障害者福祉サービス，その他の社会福祉に関連するサービスを提供する。皆さんの身近にある保育園や老人ホーム，障害者関連施設の多くは，社会福祉法人によって運営されているのである。平成29年版厚生労働白書によると，社会福祉法人の数は2016年3月31日時点で20,000を超えているとされる。

　社会福祉法人の中には，もともとは民間の有志が福祉の問題を解決しようとして組織した団体がある。戦前からそのような団体は多数あった。戦後に社会福祉事業法（現在の社会福祉法）が制定され，この法律のもと，政府とは異なる組織であるが政府からの援助を受けつつ福祉サービスを提供する主な組織として，社会福祉法人という新たな法人格が制定されたのである。その後，少子高齢化が進んでいく中で，社会福祉サービスを必要とする人々が増えていくに従って，社会福祉法人の数と社会の中で果たす役割の大きさも増大していった。

　本章では，さまざまなサービスを提供する社会福祉法人の中でも，高齢者介護サービスを提供するものに焦点を当てる。それは，少子高齢化が進む日本社会の中で果たす役割が年々大きくなっており，近年の社会福祉法改正で話題になったように，その経営状態が世間の注目を集めているからである。

　介護保険制度が2000年に始まって以降，営利企業をはじめとしたさまざまな経営主体が介護業界に参入し，事業者間の競争が激しくなっている。その中で，社会福祉法人の財務諸表は経営者によって経営判断の材料として活用されるようになってきている。さらに，利用者やその家族が，社会福祉法人が持続的に介護サービスを提供できるのか，どこにお金をかけてサービス提供しているのかなどを判断するためにも財務諸表を活用することができると思われる。

◆2◆ 社会福祉法人会計基準の概要

　近年，社会福祉法人をめぐる制度は大きく変容してきた。社会福祉法人の会計に関する制度もまたそうである。2000年度に介護保険制度が開始されたのにあわせる形で，新たな社会福祉法人の会計基準（旧会計基準）が制定された。旧会計基準では法人の経営改善を支えるために新たに損益計算の考え方が導入された。それ以前の会計基準である「経理規定準則」では社会福祉法人の受託責任の解明が焦点であり，資金収支計算と財産計算が主な目的だった。2000年度以降はこの2つの会計基準とは別に，介護保険事業についての会計を区分するための会計処理方法を定めるものとして，「指定介護老人福祉施設等会計処理等取扱指導指針」というルールも定められた。そのほかにも，就労支援施設や授産施設のための会計基準等の事業ごとの会計基準も存在している。このように，2000年以降は複数の会計ルールが併存し，社会福祉法人が実施する事業によっては複数の基準に従った会計処理をする必要が生じていた。そのため，事務処理が煩雑で，しかも会計基準によって計算の結果が異なるという問題が生まれてしまった。

　この状況を解決するために，社会福祉法人のすべての事業を適用対象とする新会計基準が定められた。事務体制が整い実施が可能な法人では2012年度から新会計基準にもとづいて財務諸表を作成するように求められ，2015年度以降はすべての社会福祉法人が新会計基準に従うこととなっている。このような経緯で制定された新会計基準は，法人全体の財務状況を明らかにするとともに，これにもとづいた経営分析も可能なものとなっている。さらに，外部への情報公開にも役立つものとして期待されている。

　社会福祉法人会計基準は，「会計基準省令」に加えて，一般に公正妥当と認められる社会福祉法人会計の慣行を記載した2つの通知（「社会福祉法人会計基準の制定に伴う会計処理等に関する運用上の取扱いについて（運用上の取扱い）」，「社会福祉法人会計基準の制定に伴う会計処理等に関する運用上の留意事項について（運用上の留意事項）」）から構成される。この会計基準にもとづいて，社会福祉法人は法人全体，事業区分別，拠点区分別に資金収支計算書，事業活動計算書，

貸借対照表を作成する必要がある。

　本章では，法人全体についての分析に焦点を絞り，財務諸表の内容と分析方法を解説する。事業区分や拠点区分，サービス区分にもとづく分析から得られる情報は多いが，紙幅の関係でそれらを紹介することはできない。また，法人間の比較をするのであれば，法人全体の財務諸表分析について学ぶことが有益だろう。以下では，法人全体の事業活動計算書，資金収支計算書，貸借対照表の概要を解説する。なお，各勘定科目の詳細な内容については「運用上の取扱い」の別添3「勘定科目説明」を読むことでよく理解できる。

(1)　事業活動計算書

　事業活動計算書は，社会福祉法人の1年間の事業活動から得た損益を明らかにする計算書類である（図表9−1）。この計算書類は，発生主義会計にもとづく損益計算をおこなっている。事業活動計算書は，営利企業でいう損益計算書にあたるものである。

　事業活動計算書は，社会福祉法人の経営成績を3つに分けて説明している。すなわち，サービス活動増減の部，サービス活動外増減の部，特別増減の部である。この計算書は，前年度と今年度の数値を対比する様式で作成することが求められており，経営成績の変化を容易に読み取ることができる。

①　サービス活動増減の部

　サービス活動増減の部は，営利企業の損益計算書の売上高から営業利益の計算までに対応するものである。収益には，社会福祉法人の本業ともいうべき事業活動である介護保険事業や老人福祉事業，児童福祉事業，保育事業，就労支援事業，障害福祉サービス等事業などから得られた金額が計上され，その収益を得るために費やした費用が対比される形で示される。そして，サービス活動収益とサービス活動費用の差額であり，営利企業の営業利益にあたるサービス活動増減差額が計算される。

　代表的な費用科目は，人件費，事業費，事務費，減価償却費である。介護施設を経営している法人の場合は，人件費の割合が最も高くなる。事業費は，法人が利用者に対して提供するサービスに直接関連する費用である。事務費とは，

図表9－1 社会福祉法人の事業活動計算書（ひな形）

第二号第一様式(第二十三条第四項関係)
法人単位事業活動計算書
（自）　年　月　日（至）　年　月　日
（単位：円）

		勘定科目	当年度決算(A)	前年度決算(B)	増減(A)－(B)
サービス活動増減の部	収益	介護保険事業収益 老人福祉事業収益 児童福祉事業収益 保育事業収益 就労支援事業収益 障害福祉サービス等事業収益 生活保護事業収益 医療事業収益 退職共済事業収益 (何)事業収益 (何)収益 経常経費寄附金収益 その他の収益			
		サービス活動収益計(1)			
	費用	人件費 事業費 事務費 就労支援事業費用 授産事業費用 退職共済事業費用 (何)費用 利用者負担軽減額 減価償却費 国庫補助金等特別積立金取崩額 徴収不能額 徴収不能引当金繰入 その他の費用	 △××× 	 △××× 	
		サービス活動費用計(2)			
	サービス活動増減差額(3)＝(1)－(2)				
サービス活動外増減の部	収益	借入金利息補助金収益 受取利息配当金収益 有価証券評価益 有価証券売却益 基本財産評価益 投資有価証券評価益 投資有価証券売却益 積立資産評価益 その他のサービス活動外収益			
		サービス活動外収益計(4)			
	費用	支払利息 有価証券評価損 有価証券売却損 基本財産評価損 投資有価証券評価損 投資有価証券売却損 積立資産評価損 その他のサービス活動外費用			
		サービス活動外費用計(5)			
	サービス活動外増減差額(6)＝(4)－(5)				

		経常増減差額(7)=(3)+(6)			
特別増減の部	収益	施設整備等補助金収益			
		施設整備等寄附金収益			
		長期運営資金借入金元金償還寄附金収益			
		固定資産受贈額			
		固定資産売却益			
		その他の特別収益			
		特別収益計(8)			
	費用	基本金組入額資産評価損			
		固定資産売却損・処分損			
		国庫補助金等特別積立金取崩額(除却等)	△×××	△×××	
		国庫補助金等特別積立金積立額			
		災害損失			
		その他の特別損失			
		特別費用計(9)			
		特別増減差額(10)=(8)-(9)			
当期活動増減差額(11)=(7)+(10)					
繰越活動増減差額の部		前期繰越活動増減差額(12)			
		当期末繰越活動増減差額(13)=(11)+(12)			
		基本金取崩額(14)			
		その他の積立金取崩額(15)			
		その他の積立金積立額(16)			
		次期繰越活動増減差額(17)=(13)+(14)+(15)-(16)			

※ 本様式は,勘定科目の大区分のみを記載するが,必要のないものは省略することができる。ただし追加・修正はできないものとする。
(出所)「社会福祉法人会計基準」。

　法人内の事務に関する費用で,営利企業でいう販売費および一般管理費に近いものである。ただし,事務費には業務委託費や修繕費,賃借料などサービス提供と密接にかかわる費用も含まれている。なお,事業費と事務費を合計したものを,経費とよぶこともある。

　介護施設を経営している社会福祉法人では,建物の減価償却費が多額にのぼることがある。減価償却費に関連する科目として,国庫補助金等特別積立金取崩額という見慣れないものが存在する。社会福祉法人が建物を建てるときに国庫補助金等の支給を受けることがあり,その場合には後述するように貸借対照表の純資産の部に積立金が計上される。その後,補助を受けた建物の減価償却費の計上に対応する形で,国庫補助金等特別積立金の金額を会計上取り崩していく。この補助金の分,減価償却費の法人負担の金額が小さくなっていることを示すために,費用の控除項目として計上されているのである。

　サービス活動増減の部の最後には,サービス活動収益計とサービス活動費用

計の差額として、サービス活動増減差額が示される。

② サービス活動外増減の部

サービス活動外増減の部には、経常的な収益・費用ではあるが法人の本業であるサービス提供とは直接関係しない収益・費用が計上される。営利企業の損益計算書の営業外損益計算に対応する部分である。

サービス活動外収益計とサービス活動外費用計の差額がサービス活動外増減差額として計算されている。これをサービス活動増減差額に加えたのが、経常増減差額である。経常増減差額は、営利企業でいう経常利益に該当するものであり、社会福祉法人の経常的な収益性を示すものと解釈できる。

③ 特別増減の部

特別増減の部には、経常的ではない収益・費用が計上される。社会福祉法人に独特の科目が並んでいることが一目でわかるだろう。施設整備等補助金収益、基本金組入額、国庫補助金等特別積立金積立額などが例として挙げられる。紙幅の関係でここでこれらの科目を説明することはできない。詳細は、「運用上の取扱い」の9～10を参照してほしい。

特別収益計から特別費用計を差し引いたものが、特別増減差額である。経常増減差額に特別増減差額を加えた当期活動増減差額は、営利企業における当期純利益に相当する。

④ 繰越活動増減差額の部

繰越活動増減差額の部では、当期活動増減差額に前期繰越活動増減差額を足し合わせ、当期末繰越活動増減差額を計算する。これがいわば、当期未処分利益である。その後、基本金取崩額、その他の積立金取崩額を加え、その他の積立金積立額を差し引くことで、最終的な次期繰越活動増減差額が計算される。

(2) 資金収支計算書

資金収支計算書は、その名のとおり社会福祉法人の1年間の支払資金の変動を明らかにする計算書類である（図表9-2）。したがって、企業会計でいうキ

ャッシュ・フロー計算書に相当するものととらえることが可能である。とはいっても，社会福祉法人の特性を反映している部分もあるので，注意が必要である。営利企業のキャッシュ・フロー計算書と同じような解釈ができないことには気をつけなければならない。資金収支計算書は，大きく分けて3つの活動で社会福祉法人の資金の変動を説明する。すなわち，事業活動による収支，施設整備等による収支，その他の活動による収支の3つである。この3つの収支について，予算と決算を比較し，予実の差を示している。

① 事業活動による収支

事業活動による収支は，社会福祉法人の経常的な事業活動から得られた収入と，その収入を得るために費やした支出を対比し，その収支差額を明らかにしている。内容としては，事業活動計算書のサービス活動増減の部とサービス活動外増減の部を合算したようなものになっている。事業活動計算書と比較すると，2つの計算書にある同じ名前の科目間で金額が若干異なることが多い。資金収支計算書が支払資金の変動にもとづくものである一方，事業活動計算書が発生主義にもとづく損益計算をおこなっていることが原因で金額にずれが生じる。

② 施設整備等による収支

施設整備等による収支には，固定資産の取得や売却に係る収支や，施設整備等のために受領した補助金，寄附金などが計上され，設備資金の借入やその元金返済も計上される。要するに，施設整備等に関する資金の増減がここに計上されているのである。社会福祉法人の施設整備等による収支は，営利企業における投資活動によるキャッシュ・フローと類似している部分があるが，純粋に施設整備等に係る資金の収支のみが計上されている。そのため，営利企業の投資活動によるキャッシュ・フローと同様の解釈ができないことには気をつけなければならない。

図表9-2　社会福祉法人の資金収支計算書(ひな形)

第一号第一様式(第十七条第四項関係)

法人単位資金収支計算書

(自) 年 月 日 (至) 年 月 日

(単位：円)

		勘定科目	予算(A)	決算(B)	差異(A)−(B)	備考
事業活動による収支	収入	介護保険事業収入 老人福祉事業収入 児童福祉事業収入 保育事業収入 就労支援事業収入 障害福祉サービス等事業収入 生活保護事業収入 医療事業収入 退職共済事業収入 (何)事業収入 (何)収入 借入金利息補助金収入 経常経費寄附金収入 受取利息配当金収入 その他の収入 流動資産評価益等による資金増加額				
		事業活動収入計(1)				
	支出	人件費支出 事業費支出 事務費支出 就労支援事業支出 授産事業支出 退職共済事業支出 (何)支出 利用者負担軽減額 支払利息支出 その他の支出 流動資産評価損等による資金減少額				
		事業活動支出計(2)				
	事業活動資金収支差額(3)=(1)−(2)					
施設整備等による収支	収入	施設整備等補助金収入 施設整備等寄附金収入 設備資金借入金収入 固定資産売却収入 その他の施設整備等による収入				
		施設整備等収入計(4)				
	支出	設備資金借入金元金償還支出 固定資産取得支出 固定資産除却・廃棄支出 ファイナンス・リース債務の返済支出 その他の施設整備等による支出				
		施設整備等支出計(5)				
	施設整備等資金収支差額(6)=(4)−(5)					

その他の活動による収支	収入	長期運営資金借入金元金償還寄附金収入 長期運営資金借入金収入 役員等長期借入金収入 長期貸付金回収収入 投資有価証券売却収入 積立資産取崩収入 その他の活動による収入			
		その他の活動収入計（7）			
	支出	長期運営資金借入金元金償還支出 役員等長期借入金元金償還支出 長期貸付金支出 投資有価証券取得支出 積立資産支出 その他の活動による支出			
		その他の活動支出計（8）			
その他の活動資金収支差額（9）＝（7）－（8）					
予備費支出（10）			××× △×××	—	×××
当期資金収支差額合計（11）＝（3）＋（6）＋（9）－（10）					
前期末支払資金残高（12）					
当期末支払資金残高（11）＋（12）					

(注) 予備費支出△×××円は（何）支出に充当使用した額である。
※ 本様式は，勘定科目の大区分のみを記載するが，必要のないものは省略することができる。ただし追加・修正はできないものとする。
(出所)「社会福祉法人会計基準」。

③ その他の活動による収支

その他の活動による収支には，事業活動による収支，施設整備等による収支に計上されないその他の資金収支が計上される。非営利組織である社会福祉法人には配当が存在しないため，営利企業で見られるような配当金の支払額は計上されない。

事業活動資金収支差額，施設整備等資金収支差額，その他の活動資金収支差額を足し合わせ，そこから予備費支出を差し引くと，当期資金収支差額合計が計算される。それに前期末の支払資金残高を加えることで，当期末の支払資金残高が明らかになる。

(3) 貸借対照表

貸借対照表は，社会福祉法人の会計年度末における財政状態，すなわち資産，負債および純資産の状態を表示するものである。社会福祉法人の貸借対照表に

は，当年度末と前年度末，および科目ごとの増減が示される（**図表９－３**）。資産，負債および純資産の内容について，企業会計とは異なる独特な部分があるため，以下で説明する。

① **資産の部**

　資産の部では，社会福祉法人が持つ資産が流動資産と固定資産に分けて表示される。介護事業を営む社会福祉法人では，流動資産と比べて固定資産の金額が圧倒的に大きいのがふつうである。これは，特別養護老人ホーム（以下，特養）等の介護施設（建物）や土地の金額が非常に大きいためである。

　固定資産の部を見ると，基本財産とその他の固定資産に区分されて表示されていることがわかる。施設を経営する社会福祉法人は，施設に利用する土地や建物などの資産を保有しなければならないとされている。これらの資産を基本財産とよぶ。基本財産は社会福祉法人の定款に定められる。基本財産は法人存続の基礎となるものであり，処分する場合や担保にする場合は，原則として所轄庁の承認を受けなければならないとされる。

　社会福祉法人の貸借対照表には，建物減価償却累計額が計上されていないことがある。その場合に固定資産の減価償却累計額を調べるには，財務諸表の注記を見る必要がある。注記には「固定資産の取得価格，減価償却累計額及び当期末残高」が示されており，そこを見れば取得原価と減価償却累計額について情報を得ることができる。

② **負債の部**

　負債の部は，流動負債と固定負債に分けて表示されている。社会福祉法人では流動負債と比べて固定負債のほうが圧倒的に金額が大きい場合が多い。この固定負債の中でも最も大きな金額を占めるのが，設備資金借入金である。社会福祉法人は建物を建てる際に独立行政法人の福祉医療機構やそのほかの民間金融機関から多額の長期借入をおこなうことが多く，それがここに計上される。長期運営資金借入金は，経常的な経費の支払いに充てるために外部から借り入れている資金である。なお，どちらの科目も１年以内に返済する予定の金額については，流動負債に計上されている。建物等を整備するために借り入れた資

図表9−3 社会福祉法人の貸借対照表（ひな形）

第三号第一様式（第二十七条第四項関係）
法人単位貸借対照表
年　月　日現在

（単位：円）

資産の部	当年度末	前年度末	増減	負債の部	当年度末	前年度末	増減
流動資産				流動負債			
現金預金				短期運営資金借入金			
有価証券				事業未払金			
事業未収金				その他の未払金			
未収金				支払手形			
未収補助金				役員等短期借入金			
未収収益				1年以内返済予定設備資金借入金			
受取手形				1年以内返済予定長期運営資金借入金			
貯蔵品				1年以内返済予定リース債務			
医薬品				1年以内返済予定役員等長期借入金			
診療・療養費等材料				1年以内支払予定長期未払金			
給食用材料				未払費用			
商品・製品				預り金			
仕掛品				職員預り金			
原材料				前受金			
立替金				前受収益			
前払金				仮受金			
前払費用				賞与引当金			
1年以内回収予定長期貸付金				その他の流動負債			
短期貸付金							
仮払金							
その他の流動資産							
徴収不能引当金	△×××	△×××					
固定資産				固定負債			
基本財産				設備資金借入金			
土地				長期運営資金借入金			
建物				リース債務			
建物減価償却累計額	△×××	△×××		役員等長期借入金			
定期預金				退職給付引当金			
投資有価証券				役員退職慰労引当金			
その他の固定資産				長期未払金			
土地				長期預り金			
建物				退職共済預り金			
構築物				その他の固定負債			
機械及び装置				負債の部合計			
車輌運搬具				純資産の部			
器具及び備品				基本金			
建設仮勘定				国庫補助金等特別積立金			
有形リース資産				その他の積立金			
（何）減価償却累計額	△×××	△×××		（何）積立金			
権利				次期繰越活動増減差額			
ソフトウェア				（うち当期活動増減差額）			
無形リース資産							
投資有価証券							
長期貸付金							
退職給付引当資産							
長期預り金積立資産							
退職共済事業管理資産							
（何）積立資産							
差入保証金							
長期前払費用							
その他の固定資産							
徴収不能引当金	△×××	△×××		純資産の部合計			
資産の部合計				負債及び純資産の部合計			

※　本様式は，勘定科目の大区分および中区分を記載するが，必要のない中区分の勘定科目は省略できる。
※　勘定科目の中区分についてはやむを得ない場合，適当な科目を追加できるものとする。
（出所）「社会福祉法人会計基準」。

金と経常的な経費の支払いに充てるための資金を目的が異なる借入として区分して表示しているのは，社会福祉法人独特の方法だといえるだろう。

③　純資産の部

　純資産の部は，営利企業とは大きく異なっている。まず，営利企業のような所有者がいないため，株主資本が存在しない。その代わりに，基本金や国庫補助金等特別積立金という，営利企業には存在しない科目がある。基本金には，社会福祉法人が事業開始等にあたって財源として受け入れた寄附金の額が計上される。寄附金なので，借入金のように返済の必要がないために，純資産として計上されている。

　国庫補助金等特別積立金には，社会福祉法人が施設および設備の整備のために国，地方公共団体等から受領した補助金，助成金，交付金等の金額が計上されている。これも，返済の必要がない資金源である。

　次期繰越活動増減差額は，事業活動計算書に計上されている金額と同額であり，いわば未処分の利益の蓄積である。営利企業の利益剰余金にあたる金額というとわかりやすいかもしれない。

　なお，社会福祉法人の財務諸表の監査は，通常は監事がおこなう。監事は理事の職務の執行を監査することが任務であり，計算書類，事業報告ならびに附属明細書について監査をおこなう。それに加えて，社会福祉法改正にともない一部の規模の大きい社会福祉法人に対しては，公認会計士または監査法人による会計監査が義務づけられた。2018年度は収益30億円を超える法人または負債60億円を超える法人が会計監査の対象となるが，段階的に会計監査の対象となる法人の範囲は拡大される。2021年度以降は，収益10億円を超える法人または負債20億円を超える法人が会計監査の対象となる予定である。

　社会福祉法人の財務諸表の主たる利用者と，その情報ニーズ，情報の活用についてまとめたのが図表9－4である。社会福祉法人の経営者は，自らの法人を管理運営していくために法人の収支の状況，財務的な健全性等の情報を必要とする。寄附者は寄附先として社会福祉法人を選定する際に，財務情報を用いることで判断の参考にすることができる。地方公共団体は，財務諸表を法人の

監査指導等に活用できるだろう。社会福祉法人に現に資金を提供している金融機関は，社会福祉法人が健全な経営状態を保ちサービスを提供していくことができるかどうかについて情報を得て，その後の資金提供についての意思決定に生かすと考えられる。さらにサービスの利用者やその家族は，サービスを利用する法人を選択する際に，法人がサービス提供に際してどの部分にお金をかけているか，将来も安定的にサービスを提供できるかなどの情報を参考にすることができる。さらに，介護施設への就職を考えている求職者も，財務分析の結果をもとにその社会福祉法人の経営の健全性を判断し，就職先選びの参考にすることができるだろう。

図表9－4　想定される財務報告の利用者，情報ニーズおよび活用方法

利用者	情報ニーズと活用方法
経営者	自らの法人を経営するために，法人の収支の状況，財務的な健全性等の情報を入手し，必要があれば対策をたてる
寄附者	法人のコスト配分，財務健全性についての情報を手に入れ，寄附先の選定に活用
地方公共団体	法人の監査指導等に活用
金融機関	経営状態に関する情報を手に入れ，融資をおこなうかどうか，継続して融資をおこなうか判断
サービス利用者および家族	法人のコスト配分，財務的健全性についての情報を手に入れ，サービスを利用する法人の選択に活用
求職者	経営の健全性を評価し，就職する法人選びに活用

（出所）筆者作成。

Column 9　社会福祉法人の内部留保問題と社会福祉充実残額算定

　社会福祉法人は，「内部留保をため込んでおり，地域社会に還元していない」という批判を近年浴びてきた。発端になったのは，2011年7月7日の日本経済新聞朝刊の経済教室の記事である。この記事によると，社会福祉法人の多くは黒字を純資産にため込んでおり，社会還元をしていない。そのため，調査対象の社会福祉法人の純資産を合計すると13兆円ほどになり，トヨタよりも純資産が多くなっている，と指摘したのである。その後，国の調査により1施設当たり約3億円の内部留保をため込んでいるという調査結果も出たために，社会福祉法人への批判は一層厳しくなった。

　しかし，この批判には会計学の観点から見ておかしな部分があった。内

部留保として指摘されたのは貸借対照表の貸方の純資産部分であるが，このうちのほとんどは貸借対照表の借方で施設や土地，運転資金として活用されており，さらに施設・設備の更新のために法人内に資金を留保しておく必要もあった。実際に社会還元に活用できるほど資金を余らせている法人は，それほど多くなかったのである。

　社会福祉法改正により，2017年度から社会福祉法人は内部留保のうち社会貢献に活用可能な部分を「社会福祉充実残額」として算定しなければならなくなった。さらに，社会福祉充実残額が存在する場合はそれを解消する計画（社会福祉充実計画）を策定し，それにもとづく事業を実施することで，地域の福祉ニーズにこたえていくことが義務づけられた。内部留保をため込んでいる法人が多いのであれば，多くの社会福祉法人が多額の社会福祉充実残額を報告し，社会福祉充実計画を立ててこの内部留保を解消するよう努力したはずである。

　ところが，2017年度に厚生労働省が明らかにしたところによれば，充実残額があるとした法人は17,417法人中2,025法人，わずか12％であったという。言い換えれば，88％の法人は社会貢献に活用できるような内部留保を持ち合わせていなかったのだ。当初の「内部留保をため込みすぎている」という批判は妥当なものではなかったということができるだろう。

◆3◆ 社会福祉法人の財務分析

　社会福祉法人の財務諸表を分析するうえで，本節では(1)社会福祉サービス提供におけるコスト配分，(2)健全性の測定という2つの視点からの分析方法を説明する。この2つの視点から分析することで，個々の社会福祉法人がサービス提供のためにどの費目に相対的に大きな金額を費やしているのかがわかるようになるし，その社会福祉法人がこれから将来にわたって安定的にサービス提供をしていくことが可能かどうかも理解することができる。

　以下では，社会福祉法人ライフケア赤井江（宮城県岩沼市）と山形公和会（山形県山形市）の事業活動計算書と貸借対照表にもとづき，2法人の財務諸表分析を通じてその方法を解説する。なお，社会福祉法人の財務諸表の強制情報開示はここ数年で進められてきたため，法人によって何年分の財務諸表を開示

しているかは異なる。ここでは3年分の財務諸表を対象に分析をおこなう。特に説明のない限りは，本文中で触れている数字は2017年度のものである。なお，参考に福祉医療機構による2016年度の社会福祉法人経営状況調査の数値（平均値）も適宜紹介する。

(1) 社会福祉サービス提供におけるコスト配分

介護施設を営む社会福祉法人では，①介護職員等の雇用に関連して発生する人件費，②利用者への介護サービスに直接かかわる事業費，③その他の一般管理に係る事務費用や業務委託費・賃借料・修繕費からなる事務費，そして④建物や設備に関連して発生する減価償却費が主要な費用である。サービス活動収益計に対するこれらの費目の割合を計算することで，各法人がどの費目に多く金額を割り当てているか，サービスの提供は効率的かどうかなどがわかる。

〈社会福祉サービス提供におけるコスト配分を示す指標〉

人件費比率＝人件費÷サービス活動収益計
事業費比率＝事業費÷サービス活動収益計
事務費比率＝事務費÷サービス活動収益計
経費比率＝（事業費＋事務費）÷サービス活動収益計
減価償却費比率＝$\left(減価償却費＋\dfrac{国庫補助金等}{特別積立金取崩額}\right)$÷サービス活動収益計

人件費比率は，サービス活動収益計に対する人件費の割合を示す指標であり，社会福祉法人のコスト配分指標の中で最も重要な指標である。福祉医療機構の調査によると，2016年度の人件費率平均は66.0％であった。社会福祉法人の費用の大半は，人件費として費やされているのである。

人件費の割合が高いということは，人に対して多く金額を割いていると解釈することもできるが，施設経営をしている社会福祉法人では，一般に人件費割合が高いと事業の収益性が悪化していることが多い。これは，施設の定員に対して過剰な人員を配置しているか，施設・事業の稼働率が低くサービス活動収益が人件費に見合うだけ獲得できていないことが主な原因である。過剰な人員配置は，裏を返すと施設・事業に手厚く人を配置しておりその分利用者に対し

図表9-5 2法人間のコスト配分指標の比較

◆ライフケア赤井江

年度	サービス活動収益計	人件費	事業費	事務費	経費 (=事業費+事務費)	減価償却費 (純額)
2015	600,933,090	426,573,853	92,688,293	62,595,279	155,283,572	48,033,052
2016	654,334,532	468,876,465	95,329,058	63,930,705	159,259,763	42,237,567
2017	679,279,093	443,491,554	97,582,757	66,405,757	163,988,514	41,846,590

◆山形公和会

年度	サービス活動収益計	人件費	事業費	事務費	経費 (=事業費+事務費)	減価償却費 (純額)
2015	759,417,131	523,605,053	120,744,072	67,866,268	188,610,340	35,885,067
2016	800,992,097	535,644,561	118,760,718	82,279,651	201,040,369	33,914,011
2017	829,964,793	556,508,226	122,134,122	78,752,920	200,887,042	32,916,287

◆ライフケア赤井江

年度	人件費比率	事業費比率	事務費比率	経費比率	減価償却費比率
2015	71.0%	15.4%	10.4%	25.8%	8.0%
2016	71.7%	14.6%	9.8%	24.3%	6.5%
2017	65.3%	14.4%	9.8%	24.1%	6.2%

◆山形公和会

年度	人件費比率	事業費比率	事務費比率	経費比率	減価償却費比率
2015	68.9%	15.9%	8.9%	24.8%	4.7%
2016	66.9%	14.8%	10.3%	25.1%	4.2%
2017	67.1%	14.7%	9.5%	24.2%	4.0%

(出所) 筆者作成。

て手厚い介護サービスが期待できるために，一概に悪いわけではない。手厚い人員配置を施設の売りにしている法人も存在する。しかし，人件費は大部分が固定費であるため，収益性が悪化している局面では適正な人員配置になるように調整することが必要な場合もある。

　ライフケア赤井江は，東日本大震災により発生した津波により施設が破壊されたが，奇跡的に利用者・職員が無事に避難し，その後施設の再建を果たした法人である。ライフケア赤井江では，東日本大震災により介護施設が破壊されてから新たに介護施設を建てフル稼働に至るまで，人件費率が向上し収益性が悪化してきた。ライフケア赤井江ではフル稼働できない状況でも介護職員を維持していたため，人件費率が非常に高くなっている。介護業界では現在深刻な人手不足であり，一度職員を手放すと再度雇うことができる保証はない。そのような事情もあり，ライフケア赤井江では一時的にではあるが人件費が2013年

度には90％超にまで上昇した。現在は，65.3％と低下しており，社会福祉法人の平均である66.0％と同程度になっている。山形公和会は67.1％であり，社会福祉法人の平均よりもやや高くなっている。

　事業費比率は，サービス活動収益計に対する事業費の割合を示す指標である。給食費や介護用品費などの利用者への介護サービス提供に直接関係する経費に法人がどれだけの金額を割り当てているかを示す。この比率は，低ければそれだけ収益性が高くなるが，サービスの質に直結する指標であるため，低ければ低いほどいいという指標ではない。なお，事業費比率の平均は13.8％である。ライフケア赤井江では徐々に事業費比率が低下しており，現在は平均よりやや高い14.4％である。山形公和会でも14.7％と同水準である。

　事務費比率は，サービス活動収益計に対する事務費の割合を示す指標である。事務費には，法人役員・職員の福利厚生費や業務委託費，修繕費，賃借料などが含まれる。事務費比率が高い場合には，業務委託を積極的に利用していたり，施設の老朽化により修繕をおこなっていたり，設備を購入せずリース・レンタルで利用していたりすることが考えられる。人件費比率や事務費比率同様，この比率があまりに高いと収益性は悪くなるが，法人の業務委託や修繕，設備利用についての方針を反映する指標でもあるため，単純に低ければ低いほど良いという指標でもない。なお，事務費比率の平均は10.1％であり，ライフケア赤井江は平均よりやや低い数値となっている。山形公和会では9.5％と，こちらも平均よりやや低い。

　経費比率は，事務費と事業費を合算した経費とサービス活動収益計の比率を示した指標である。この数値も，比率が低ければそれだけ法人の収益性は高くなるが，サービスの質の観点からは適切な数値を保つ必要がある指標だといえる。平均は24.0％であり，ライフケア赤井江も山形公和会も平均とほぼ等しい数値になっている。

　減価償却費比率は，減価償却費の総額から国庫補助金等特別積立金取崩額を控除した，いわば法人が負担する減価償却費の純額が，サービス活動収益計に対してどの程度の割合かを示す指標である。減価償却費は短期的に削減することが困難な固定費であり，減価償却費比率が高い場合には過剰投資か設備投資に見合った収益が獲得できていないことが疑われる。収益性の観点からは，低

いほうが望ましい。平均は4.7％である一方、ライフケア赤井江では6.2％とやや高い水準になっている。これは、東日本大震災後の建築単価が高騰している時期に新しく施設を建てたために、償却負担が大きくなっていることが一因である。山形公和会では4.0％と平均よりやや低い水準になっている。

(2) 財務健全性の測定

財務健全性の分析は、企業を対象とした安全性の分析に類似しており、事業活動計算書および貸借対照表の数値を用いておこなう。財務健全性の分析について、以下の6つの指標が代表例である。

〈財務健全性を測定する指標〉

```
流動比率＝流動資産÷流動負債
純資産比率＝純資産÷総資産
固定長期適合率＝固定資産÷（固定負債＋純資産）
固定資産老朽化率＝減価償却累計額÷有形固定資産（土地を除く）取得価額
サービス活動増減差額率＝サービス活動増減差額÷サービス活動収益計
経常増減差額率＝経常増減差額÷サービス活動収益計
```

① 安全性に関する分析

流動比率は、流動負債に対する流動資産の割合を示す指標である。流動資産は短期的に支払資金に用いることができる資産であり、流動負債は短期的な支払義務を示している。したがって、流動比率が100％を割り込んでいるような場合は、短期的な支払に活用するのに十分な資金が存在しないことを意味し、危機的な財務状態であることを意味する。一般に、流動比率は200％以上あることが望ましいとされるが、社会福祉法人では平均で324.5％と高い水準にある。ライフケア赤井江では248.3％と平均よりは低いが200％以上あるため、短期的な安全性に問題はないといえるだろう。山形公和会では300％以上あるため、短期的な安全性にはまったく問題ないといえる。

純資産比率は、総資産に占める純資産の割合を示す指標である。この比率が高いほど、借入金などの負債の支払負担が小さく、長期的な財務の安全性が高いことを意味する。長期にわたり損失を重ねている法人だと、次期繰越活動増

図表9-6　2法人間の財務健全性指標の比較(1)

◆ライフケア赤井江

年度	流動資産	固定資産	資産の部合計	流動負債	固定負債	純資産の部合計	固定資産取得価額合計	減価償却累計額合計
2015	192,691,365	1,914,438,531	2,107,129,896	56,157,306	1,253,265,350	797,707,240		
2016	191,534,116	1,827,686,622	2,019,220,738	68,024,249	1,208,136,374	743,060,115	1,887,106,014	443,026,766
2017	226,240,087	1,742,795,903	1,969,035,990	91,103,423	1,148,353,391	729,579,176	1,887,106,014	529,841,510

◆山形公和会

年度	流動資産	固定資産	資産の部合計	流動負債	固定負債	純資産の部合計	固定資産取得価額合計	減価償却累計額合計
2015	383,785,195	1,013,815,349	1,397,600,544	128,626,589	328,789,083	940,184,872		
2016	431,581,198	989,127,465	1,420,708,663	168,373,800	294,194,704	958,140,159	1,758,339,646	996,296,450
2017	426,241,481	947,270,394	1,373,511,875	121,376,627	276,852,377	975,282,871	1,757,016,440	1,042,416,224

◆ライフケア赤井江

年度	流動比率	純資産比率	固定長期適合率	固定資産老朽化率
2015	343.1%	37.9%	93.3%	
2016	281.6%	36.8%	93.7%	23.5%
2017	248.3%	37.1%	92.8%	28.1%

◆山形公和会

年度	流動比率	純資産比率	固定長期適合率	固定資産老朽化率
2015	298.4%	67.3%	79.9%	
2016	256.3%	67.4%	79.0%	56.7%
2017	351.2%	71.0%	75.7%	59.3%

(出所) 筆者作成。

減差額が大きなマイナスの値になるので，純資産比率は低下する。また，施設や設備を整備する際に借入金への依存が高い法人でも，純資産比率は低下する。社会福祉法人の平均は73.7％であり，ライフケア赤井江は2017年度で37.1％と平均と比較すると低い水準になっている。しかし，施設再建と稼働率向上により業績が改善しているため，今後純資産比率が高まると予想される。山形公和会は平均と同程度の純資産比率になっている。

　固定長期適合率は，固定負債と純資産の合計に対して固定資産が占める割合を示す比率である。これは，介護施設や土地，設備といった固定資産が返済不要の純資産と長期にわたって返済すればよい資金（固定負債）で賄われているかどうかを判断する指標である。この指標が100％以上だと，固定資産の取得が純資産と固定負債では賄いきれず，流動負債も活用していることになり，財務的な健全性に問題があることになる。2016年度の社会福祉法人の平均値は

85.8％であり，ライフケア赤井江は2017年度は92.8％であった。平均と比べると高いが，100％を下回っているので，財務的な健全性は維持できているといえるだろう。山形公和会では75.7％と低い値であり，長期的な財務の健全性が高いことがわかる。

　固定資産老朽化率は，減価償却累計額を土地を除く有形固定資産の取得価額で割った指標であり，有形固定資産の減価償却がどれだけ進んでいるか，すなわち有形固定資産がどれだけ老朽化しているかを示す指標である。この比率が高いと，建物等の設備の老朽化が進んでおり，施設更新の必要性が高くなっていることを意味する。ライフケア赤井江の場合は減価償却累計額が貸借対照表上に示されていないので，注記から有形固定資産の減価償却累計額の数値を見つける必要がある。この指標は，最近の情報開示制度の変更によって新たに計算できるようになった数値であるため，2年分の数値しかここでは紹介できない。ライフケア赤井江では2017年度に28.1％と老朽化はあまり進んでいない。これは，東日本大震災後に施設を建て替え，まだ年数が経過していないためである。その一方で，注記を見ると車輌運搬具や器具および備品は老朽化が進んでいることも読み取れる。山形公和会のほうは固定資産の老朽化がかなり進んでいることがわかる。近いうちに，大幅な建物・設備等の更新が必要になるかもしれない。

　②　収益性に関する分析
　サービス活動増減差額率は，サービス活動収益計に対するサービス活動増減差額の割合を示す指標である。これは，社会福祉法人の主要な事業の収益性を示す指標である。この指標がマイナスの場合は，主要な事業の業績が悪化しており，赤字が発生していることを示す。マイナスが続くと将来の事業継続が危うくなり，赤字が発生していなくても数字が悪化している際には事業に何らかの問題が発生していると考えられるため，その原因を分析する必要がある。介護施設であれば，介護報酬改定による収益低下，人材不足による施設稼働率低下などが収益性悪化の原因であることが多い。ライフケア赤井江の場合は，2017年度のサービス活動増減差額率は4.4％であり，社会福祉法人平均の3.9％よりやや高い。過去の数字と比べると，ここ数年で劇的に業績が改善している

図表9－7　2法人間の財務健全性指標の比較(2)

◆ライフケア赤井江

年度	サービス活動収益計	サービス活動増減差額	経常増減差額	サービス活動増減差額率	経常増減差額率
2015	600,933,090	-29,223,374	-30,238,487	-4.9%	-5.0%
2016	654,334,532	-16,338,563	-9,548,611	-2.5%	-1.5%
2017	679,279,093	29,617,373	31,487,215	4.4%	4.6%

◆山形公和会

年度	サービス活動収益計	サービス活動増減差額	経常増減差額	サービス活動増減差額率	経常増減差額率
2015	759,417,131	10,150,725	9,482,281	1.3%	1.2%
2016	800,992,097	29,228,793	30,938,501	3.6%	3.9%
2017	829,964,793	38,508,410	39,002,405	4.6%	4.7%

(出所)　筆者作成。

ことがわかる。山形公和会も4.7％と平均よりもやや高い数字になっている。

　経常増減差額率は，サービス活動収益計に対する経常増減差額の割合を示す指標である。この指標は，社会福祉法人の金融取引等を含めた経常的な活動における収益性を示す指標である。この数値はサービス活動増減差額率と近い値になることが多い。大きくずれた値になっている場合は，財務面等で問題が生じていないかを精査する必要が出てくるだろう。ライフケア赤井江の場合は2017年度で4.6％であり，社会福祉法人の平均である4.0％よりも良好な値になっている。山形公和会も4.7％と，健全な業績であることを示している。

◆ Exercise ◆

9－1　文言問題
(1)　社会福祉法人の根拠法と目的について説明しなさい。
(2)　社会福祉法人会計制度の近年の変化について，簡単に説明しなさい。

9－2　計算問題
　以下のある社会福祉法人の財務諸表を用いて，(1)，(2)，(3)の3つを計算しなさい。また，あなたの関心のある社会福祉法人の(1)から(3)の値をウェブサイトから調べて

算定し,各指標について比較分析をおこないなさい。

事業活動計算書（一部）
（自）X1年4月1日　（至）X2年3月31日　　　（単位：円）

勘定科目			当年度決算(A)	前年度決算(B)	増減(A)−(B)
サービス活動増減の部	収益	介護保険事業収益	676,670,637	633,986,311	42,684,326
		保育事業収益	123,971,460	124,790,820	-819,360
		経常経費寄附金収益	350,000	640,000	-290,000
		サービス活動収益計(1)	800,992,097	759,417,131	41,574,966
	費用	人件費	535,644,561	523,605,053	12,039,508
		事業費	118,760,718	120,744,072	-1,983,354
		事務費	82,279,651	67,866,268	14,413,383
		利用者負担軽減額	1,164,363	1,165,946	-1,583
		減価償却費	56,106,199	58,420,617	-2,314,418
		国庫補助金等特別積立金取崩額	-22,192,188	-22,535,550	343,362
		サービス活動費用計(2)	771,763,304	749,266,406	22,496,898
	サービス活動増減差額(3)=(1)−(2)		29,228,793	10,150,725	19,078,068

計算書類に対する注記（法人全体用）

(中略)
9. 固定資産の取得価額, 減価償却累計額及び当期末残高

固定資産の取得価額, 減価償却累計額及び当期末残高は, 以下のとおりである。

（単位：円）

	取得価額	減価償却累計額	当期末残高
土地（基本財産）	95,780,801	0	95,780,801
建物（基本財産）	1,478,876,115	777,561,638	701,314,477
建物	21,282,445	15,355,342	5,927,103
構築物	110,184,287	82,996,935	27,187,352
車両運搬具	5,410,790	3,869,614	1,541,176
器具及び備品	142,586,009	116,512,921	26,073,088
合　計	1,854,120,447	996,296,450	857,823,997

(1) 人件費比率
(2) サービス活動増減差額率
(3) 固定資産老朽化率

9-3 経営判断問題

あなたはA社会福祉法人の職員です。B社会福祉法人，C社会福祉法人は同規模の社会福祉法人について情報収集した結果です。A社会福祉法人の福祉サービスのコスト配分の特徴や健全性を判定し，経営者層に向けた提言を考察しなさい。

	×1	×2	×3	×4	×5	×6	×7
A法人							
特養定員	120	120	120	120	120	120	120
人件費比率	55.0%	53.2%	56.8%	61.0%	62.3%	65.8%	68.2%
減価償却費比率	4.3%	4.1%	3.9%	3.7%	3.5%	3.3%	3.2%
サービス活動増減差額率	6.3%	6.0%	5.6%	4.3%	1.8%	0.4%	-1.6%
B法人							
特養定員	100	100	100	100	100	100	100
人件費比率	60.0%	61.0%	63.0%	67.0%	58.0%	56.0%	55.0%
減価償却費比率	3.5%	3.4%	8.9%	8.8%	8.6%	8.4%	8.2%
サービス活動増減差額率	1.3%	0.8%	-0.7%	-2.3%	4.1%	5.2%	5.6%
C法人							
特養定員	110	110	110	110	110	110	110
人件費比率	60.0%	62.0%	64.0%	66.2%	68.2%	66.5%	62.4%
減価償却費比率	3.5%	3.4%	8.9%	8.8%	8.6%	8.4%	8.2%
サービス活動増減差額率	2.5%	3.6%	-0.7%	-1.6%	-3.5%	-1.8%	0.2%

A社会福祉法人の

(1) コスト配分の特徴

(2) 健全性

(3) 提言

◆参考文献

京極髙宣．2017．『福祉法人の経営戦略』中央法規．
黒木淳．2014．「社会福祉法人における内部留保の実態分析：規模と事業領域の観点から」『経営研究』，65(3)：165-178．
社会福祉法人会計基準（2016年3月31日改正）．

社会福祉法人会計基準の運用上の取扱い（2016年11月11日）．
社会福祉法人会計基準の運用上の留意事項（2016年11月11日）．
千葉正展．2018．『社会福祉充実残額と法人経営：社会福祉充実残額の理解と充実計画策定のポイント』全国社会福祉協議会．
独立行政法人福祉医療機構．2018．「平成28年度社会福祉法人の経営状況について」．
日本公認会計士協会非営利法人委員会．2018．『非営利法人委員会研究報告第27号：社会福祉法人の経営指標〜経営状況の分析とガバナンスの強化に向けて〜』．
松山幸弘．2011．「経済教室：黒字ため込む社会福祉法人，復興事業への拠出　議論を」日本経済新聞，2017年7月7日朝刊．
向山敦夫・黒木淳．2015．「社会福祉法人の経営分析」日本経営分析学会『経営分析事典』：362-364．
有限監査法人トーマツパブリックセクター＆ヘルスケアインダストリーグループ．2012．『やさしくわかる社会福祉法人の新しい会計基準』中央経済社．
Shirinashihama, Y. 2018. The Positive and Negative Consequences of "Managerialization":Evidence from Japanese Nonprofit Elderly Care Service Providers. *Nonprofit and Voluntary Sector Quarterly*, forthcoming.

第10章
学校法人における会計と分析

◆本章の目標
1. 学校法人の制度の概要について説明することができる。
2. 学校法人会計基準について説明することができる。
3. 学校法人の会計情報を分析し，経営判断ができる。

◆本章の概要
1. 学校法人は，高等教育機関および専門学校は文部科学省，初等中等教育機関は都道府県が管轄している。私立大学を有する学校法人は多くの財務情報や非財務情報が開示されている。
2. 私立大学を有する学校法人は全体の約4割が赤字経営という厳しい経営環境にある。そのようななかで，2013年に学校法人会計基準が改正された。学校法人会計基準の特徴は，①貸借対照表，資金収支計算書，事業活動計算書の3つの財務書類があること，②支出の区分として，人件費，教育研究経費，管理経費の3つの項目が存在すること，③基本金会計という基本金の維持を厳格に要求していること，の3つである。
3. 学校法人の財務分析は，財務健全性と教育サービスの努力水準の分析の2つに大別される。財務健全性は資金収支や活動別収支差額を確認すること，流動比率などでみることができる。教育サービスの努力水準は教育研究経費や管理経費の比率を同規模同業種の他法人と比較することで理解することができる。

◆キーワード
学校法人，高等教育機関，私立大学，学校法人会計基準，
資金収支計算書，活動計算書，教育研究経費，管理経費，
基本金，健全性分析，コスト情報

◆1◆ 学校法人制度の概要

　学校法人とは私立学校を設置運営する主体であり，私立学校法を根拠法として，所轄庁の認可を受けた法人である。学校法人の所轄庁は私立大学・私立高等専門学校を設置する学校法人は文部科学省，初等中等教育機関のみを設置する学校法人は都道府県になる。学校法人の認可は学校の設置認可と同時であり，学校法人は主たる事務所の所在地で設立登記することによって成立する。

　私立学校法第1条は以下のように定められており，自主性，公共性，健全な発達，永続性が重視されている。学校法人には理事5名以上，監事2名以上の役員から構成される理事会が設置される。評議員は理事の2倍までを定員とし，理事会の諮問機関となっている。業務は理事会の過半数の議決をもって決定される（特別決議が必要な項目を除く）。

〈私立学校法〉

> 第1条　私立学校の特性にかんがみ，その**自主性を重んじ，公共性を高める**ことによつて，私立学校の健全な発達を図ること

　本章では，学校法人のなかでも私立大学を有する学校法人について説明する。私立大学を有する学校法人は会計情報の開示が文部科学省によって推奨され，教育情報の開示に至っては義務づけられている。また，地方で健全性が悪化した学校法人は公立大学法人化する動きがあり，学校法人の経営悪化は関係する学生・教職員のみならず，地域経済や地域社会にまで大きな影響をもたらすことになる。

　大学は国立大学，公立大学，そして私立大学に区分される。国立大学は国立大学法人，公立大学は公立大学法人または地方公共団体が直接運営する場合の2つのパターンがある。一方，私立大学の運営主体は私立学校法にもとづく学校法人である。2017年度の設置主体別大学数では，私立大学はその数が600校を超えており，割合も75％を超えている。これは各80－90校の前後で推移している国立大学および公立大学の合計数および割合を凌駕しており，日本社会の高等教育の重要な役割を担っていることが理解できよう。

学校教育法は大学には学術の中心として，教育研究をおこなうこと，またその成果を社会の発展に寄与することが求められている。私立大学の設置は学校教育法に従い，大学設置基準にもとづいて決定される。大学設置基準には，教育研究上の基本組織や教員組織・資格，事務組織等などの組織や教職員に関する項目，受け入れる学生の収容定員に関する項目，カリキュラムなどの教育課程や卒業要件等に関する項目，そして校地，校舎等の施設および設備等など教育のためのインフラに関する項目があり，これらが審査されたうえで大学の設置認可が決まることになる。

　2005年の中央教育審議会答申『我が国の高等教育の将来像』において，大学の役割は提言された7つの機能のすべてではなく，一部を保有するのが通例とされ，7つの機能に緩やかに分化することが要求された。2012年には『大学改革実行プラン』，2013年には『国立大学改革プラン』が公表され，機能の分化が具現化され，競争理念にもとづく資金配分が加速している状況にある。一方，私立大学のみを対象として，2005年の答申が公表された同時期には，2004年の私立学校法の一部改正にともない，学校法人の理事・監事・評議員会の制度を整備し，権限・役割分担が明確になった。また，学校法人のウェブサイトを通した「財務情報の公開」が推奨されている。さらに，2011年の学校教育法施行規則等改正の施行によって，教育研究情報の公表が義務づけられるに至っている。

〈学校教育法〉

第9章　大学
第83条　大学は，学術の中心として，広く知識を授けるとともに，**深く専門の学芸を教授研究**し，知的，道徳的及び応用的能力を展開させることを目的とする。
2　大学は，その目的を実現するための**教育研究を行い**，その成果を広く社会に提供することにより，**社会の発展に寄与**するものとする。

〈『我が国の高等教育の将来像』における7つの機能〉

① 世界的研究・教育拠点
② 高度専門職業人養成
③ 幅広い職業人養成
④ 総合的教養教育
⑤ 特定の専門的分野（芸術，体育等）の教育・研究
⑥ 地域の生涯学習機会の拠点
⑦ 社会貢献機能（地域貢献，産学官連携，国際交流等）

◆2◆ 学校法人会計基準の概要

　学校法人の理事長は毎会計年度事業報告書および監査報告書を作成し，会計年度終了後2ヵ月以内に理事会および評議員会に提出することが私立学校法によって義務づけられている。特に私立大学を有する学校法人には経常費補助金が拠出されており，補助金を得るためには本補助金の拠出元である日本私立学校振興・共済事業団に補助金算定のための会計報告が必要である。

　学校法人に適用される会計基準は，この補助金算定のために設定されたものであるが，現在は社会・経済状況の大きな変化，会計のグローバル化等を踏まえたさまざまな他の会計基準の改正と整合するように，学生・保護者や債権者などにもわかりやすい基準として機能することがめざされている（2012年『学校法人会計基準の改正について』）。

　その他の情報利用者として，学校法人の経営者，学校法人への寄附者，経常費補助金を拠出する中央政府，求職者などがあげられる（図表10－1参照）。学校法人の経営者は，自らの法人経営に資するよう，法人の財政状態や経営成績について確認し，必要があれば対策を立てることができる。また，学校法人に寄附したいと考えている者は，法人のコスト配分，財務健全性についての情報を手に入れ，寄附先の選定に適切であるか検討することができるだろう。さらに，経常費補助金を受けることは学校法人にとって重要であるが，学校法人会計基準は経常費補助金の算定基準として使用されている。最後に，求職者は経営の健全性を評価し，就職する法人選びに活用できるだろう。

図表10－1 想定される財務報告の利用者，情報ニーズおよび活用方法

利用者	情報ニーズと活用方法
学生・保護者	法人のコスト配分，財務健全性についての情報を手に入れ，所属する学校法人が継続可能か，受験先や毎期所属の継続の判断に活用
債権者	経営状態に関する情報を手に入れ，融資を行うかどうか，継続して融資をおこなうか判断
経営者	自らの法人経営に資するよう，法人の財政状態や経営成績について確認し，必要があれば対策を立てる
寄附者	法人のコスト配分，財務健全性についての情報を手に入れ，寄附先の選定に活用
中央政府	経常費補助金の判断基準として活用
求職者	経営の健全性を評価し，就職する法人選びに活用

　学校法人会計基準で定められた事項以外については，一般に公正妥当と認められる会計原則に従った会計処理が必要である。また，経常的経費について補助金を受ける学校法人は，「私立学校振興助成法」第14条第3項の規定により，公認会計士または監査法人の監査を受けることが義務づけられている。

(1) 資金収支計算書・事業活動収支計算書

　学校法人会計基準で定められている財務書類は，資金収支計算書，事業活動収支計算書，貸借対照表の3つである。資金収支計算書とは，「支払資金（現預金等）のすべての収入及び支出のてん末を明らかにした」計算書のことであり，企業会計のキャッシュ・フロー計算書に類似するものである。資金収支計算書は教育活動，施設もしくは設備の取得または売却その他これらに類する活動，資金調達その他の活動の3つに区分されている。

　一方，事業活動収支計算書は，「事業活動収入及び事業活動支出の均衡の状態を明らかにするために」作成された計算書であり，企業会計の損益計算書に類似するものである。2012年度の会計基準改正までは消費収支計算書とよばれていた。事業活動収支計算書は，教育活動，教育活動以外の経常的な活動，教育活動および教育活動以外の活動を除く活動の3つに区分表示されている。

　図表10－2は資金収支計算書と事業活動収支計算書についての様式例である。資金収支計算書および事業活動収支計算書ともに，学生生徒等納付金や寄

図表10－2 学校法人の財務書類

資金収支計算書(新基準)
〇〇年〇月〇日から〇〇年〇月〇日まで
(単位：円)

教育活動による資金収支	
支出の部 　人件費支出 　教育研究経費支出 　管理経費支出	収入の部 　学生生徒等納付金収入 　手数料収入 　寄附金収入 　経常費等補助金収入 　付随事業収入
教育活動資金収支	雑収入
施設整備等活動による資金収支	
支出の部 　施設関係支出 　・・・・・・	収入の部 　施設設備寄附金収入 　施設設備補助金収入 　・・・・・・
施設整備等活動資金収支	
その他の活動による資金収支	
支出の部 　借入金等返済支出 　・・・・・・	収入の部 　借入金等収入 　・・・・・・
その他の活動資金収支	
支払資金の増減額	
前年度繰越支払資金	
当年度繰越支払資金	

事業活動収支計算書(新基準)
〇〇年〇月〇日から〇〇年〇月〇日まで
(単位：円)

教育活動収支	
事業活動支出の部 　人件費 　教育研究経費 　管理経費 　徴収不能額等	事業活動収入の部 　学生生徒等納付金 　手数料 　寄附金 　経常費等補助金 　付随事業収入
教育活動収支差額	雑収入
教育活動外収支	
事業活動支出の部 　借入金等利息 　・・・・・・	事業活動収入の部 　受取利息・配当金 　・・・・・・
教育活動外収支差額	
経常収支差額	
特別収支	
事業活動支出の部 　資産処分差額 　・・・・・・	事業活動収入の部 　資産売却差額 　・・・・・・
特別収支差額	
基本金組入前当年度収支差額	
基本金組入額合計	
当年度収支差額	

(出所) 学校法人会計基準から筆者作成。

附金，経常費補助金などの勘定科目上の内訳がある。また，支出は人件費，教育研究経費，管理経費に区分されている。

　教育研究経費は学校法人会計基準によって，「教育研究のために支出する経費（学生，生徒等を募集するために支出する経費を除く。）」として定められている。一方，管理経費は1971年文部省通知（雑管第118号）によって，以下7種類の経費であると明確に定義づけられている。法人の管理業務に関する経費や施設等の支出だけでなく，学生生徒等の募集のために要する経費も含められている点に特徴があり，附属明細書や細目までを開示している学校法人については管理経費上の広告費を確認することができる。

〈管理経費の定義〉

1．役員のおこなう業務執行のために要する経費および評議員会のために要する経費
2．総務・人事・財務・経理その他これに準ずる法人業務に要する経費
3．教職員の福利厚生のための経費
4．教育研究活動以外に使用する施設・設備の修繕・維持・保全に要する経費（減価償却費を含む。）
5．学生生徒等の募集のために要する経費
6．補助活動事業のうち食堂・売店のために要する経費
7．附属病院業務のうち教育研究業務以外の業務に要する経費

(2) 貸借対照表と基本金会計

　貸借対照表は企業会計とほぼ同じであるが，企業会計の純資産の部に基本金会計を有する点が根本的に異なる。基本金とは，「学校法人が，その諸活動の計画に基づき必要な資産を継続的に保持するために維持すべきものとして，その事業活動収入のうちから組み入れた金額」（基準第29条）のことをいう。基本金には以下の4つの類型があり，毎年理事会の承認を得たうえで，企業会計における純資産の部に基本金の項目として組み入れられる。

〈基本金の類型〉

1. 学校法人が設立当初に取得した固定資産で教育の用に供されるものの価額又は新たな学校の設置もしくは既設の学校の規模の拡大もしくは教育の充実向上のために取得した固定資産の価額
2. 学校法人が新たな学校の設置又は既設の学校の規模の拡大もしくは教育の充実向上のために将来取得する固定資産の取得に充てる金銭その他の資産の額
3. 基金として継続的に保持し、かつ、運用する金銭その他の資産の額
4. 恒常的に保持すべき資金として別に文部科学大臣の定める額

図表10-3 学校法人の貸借対照表

貸借対照表(新基準)
〇〇年〇月〇日現在
(単位：円)

資産の部	負債の部
固定資産 　有形固定資産 　　土地 　　・・・・・ 　特定資産 　　引当特定資産 　　・・・・・ 　その他の固定資産	固定負債 　長期借入金 　学校債 　・・・・・ 流動負債 　短期借入金
	負債の部合計
流動資産 　現金預金 　・・・・・	純資産の部
	基本金 　第1号基本金 　第2号基本金 　第3号基本金 　第4号基本金 繰越収支差額 　　純資産の部合計
資産の部合計	負債および純資産の部合計

(出所) 学校法人会計基準より筆者作成。

　基本金は維持が必要な教育サービスに必要な固定資産だけでなく（第1号），将来の学校の設置または規模の拡大をめざして取得する予定の固定資産の金額を積立金として積み立てることができる（第2号）。また，継続的に保持し，基金として拘束性をもって扱ったほうが望ましいものに関しても基本金（第3号）として蓄積される。基本金組入は毎年度末の理事会で議決され，監査を受けたうえで公表される。

　また，第2号は積立金であるために学校法人の役員に裁量権が与えられてい

るが，最近では監査や評議員会において厳格な施設計画などの報告が求められる。これらの基本金によって学校法人における教育サービスの永続性が担保されている。

> Column 10　学校法人の資産運用
>
> 　少子化が進み，経営悪化する学校法人が増える中で，資産運用に対して注目が集まっている。海外の有名大学は寄附金と，それにより蓄積された基金の資産運用による収入が主要な財源の1つとなっている。しかし，2008年度から2009年度にかけて仕組み債，デリバティブ投資で100億円以上の巨額の含み損を計上する学校法人が相次いで報道されたことによって，資産運用に関するリスクが周知されるきっかけとなった。
>
> 　一方，2012年9月には大学資産共同運用機構が設立されるなど，新しい動きもある。国立大学法人においても，教育研究水準の著しい向上とイノベーション創出を図るため，寄附金等の自己収入の運用対象範囲を，一定の範囲で，より収益性の高い金融商品に拡大することが可能な「指定国立大学法人」が誕生している。このような流れの中で，大学の資産運用に対する議論は今後も進んでいくことが予想される。
>
> 　収入源が学生生徒等納付金に依存している学校法人ではあるが，寄附金や競争的資金としての補助金の拡充に動く法人もある。資産運用も同様に貴重な収入源の1つになるであろうが，慎重に検討し，進めていくことが必要である。

◆3◆　学校法人の財務分析

　本節では，第2節で説明した学校法人の財務諸表を用いた分析について説明する。学校法人は自主性や公共性を重んじるため，健全な発達と永続性が求められる。したがって，財務分析で重要な尺度は永続的に教育サービスを提供できるか否かについてである。

　たとえば，補助金算定をおこなう日本私立学校振興・共済事業団の『定量的な経営判断指標に基づく経営状態の区分』では，教育研究活動のキャッシュ・フローが2年連続で黒字か赤字かが重要業績指標（KPI）となっている。2年

連続で赤字の場合，外部負債と運用資産との対比によって危険度がイエローゾーン・レッドゾーンとして区分されている。また，黒字の場合でも，外部負債が10年で償還できないリスクがある場合，イエローゾーンとして区分されている。これらはキャッシュ・フローにもとづく直接的な分析である。

　日本私立学校振興・共済事業団の指標は10年という負債償還の観点や，2年から3年の教育研究キャッシュ・フローという近視眼的な倒産リスクを予測する意義があるが，学生や保護者などの受益者や寄附者などは倒産リスク以外の教育サービスの永続性という観点で，それ以外の指標も有用である。実際に，財務諸表を用いることによって，学校法人の教育サービスの努力水準や，財務健全性を客観的に測定することが可能である。

　本章では，具体的な事例を用いて学校法人の財務分析について解説するために，慶應義塾大学と早稲田大学との比較をおこなう。分析にあたっては，両大学の教育サービスの努力水準と財務健全性の2つの観点から分析し，両大学の強みと弱みについて検討する。

(1) 慶應義塾大学と早稲田大学における法人の概要

　慶應義塾大学や早稲田大学の設置主体は学校法人であるため，正式な名称は学校法人慶應義塾と学校法人早稲田大学である。慶應義塾大学の創立者は福澤諭吉であり，1858年開始の蘭学塾を開祖としている。一方，早稲田大学の創立者は大隈重信であり，1882年開設の東京専門学校に起源がある。慶應義塾大学は創立150周年を迎え，175周年の節目に向かっており，早稲田大学は2032年の創立150周年までのビジョンである Waseda Vision 150 を公表している（**図表10−4参照**）。

図表10−4　慶應義塾大学と早稲田大学の法人概要

法人名	学校法人慶應義塾	学校法人早稲田大学
創立年（学校名）	1858年（蘭学塾）	1882年（東京専門学校）
創立者	福澤諭吉	大隈重信
学部（学生数）	10学部（28,683人）	14学部（41,965人）
研究科（学生数）	14研究科（4,847人）	27研究科（8,256人）

（出所）各法人のウェブサイトより筆者作成。

両法人が持つ学部数は慶應義塾大学が10学部14研究科，早稲田大学は14学部27研究科であり，学生数を規模としてみた場合，早稲田大学のほうが大きいことになる。一方，慶應義塾大学は医学部や医学部附属病院を持つことから，大学所属以外にも多くの医師や教職員を抱えていることになる点が早稲田大学にはない特徴の1つである。

図表10－5は両法人の総資産額について時系列推移を示したものである。総資産額は両法人ともに3,000億円を超えており，同程度の規模であるといえるが，慶應義塾大学のほうが規模について成長を見せている。これは医学部開設100周年や新たなセンターの開設などが影響していることが事業報告書から読み取れる。

図表10－5　2学校法人における総資産額の時系列推移

(単位：百万円)

	2013年度	2014年度	2015年度	2016年度	2017年度
慶應義塾	379,873	390,216	410,869	411,110	430,820
早稲田大学	351,779	353,448	361,647	366,341	360,308

(出所) 各法人の事業報告書より筆者作成。

(2) 教育サービスの努力水準の測定

教育サービスの努力水準は，資金収支計算書および事業活動収支計算書の勘定科目の区分である「人件費」，「教育研究経費」，「管理経費」という勘定科目を用いることによって，算定可能である。すなわち，これらの勘定科目を事業活動収入の合計値で割ることで，事業活動収入の中でどの程度をそれぞれの支出に費やしているのかについて測定するものである。これは，教育研究経費と管理経費が厳格に区分されている特徴を利用した分析である。資金収支計算書では減価償却費が含まれないため，長期的に費やすコストを考えた場合は事業活動収支計算書のほうが有用である。

〈教育サービスの努力水準を測定する3つの指標〉

人件費比率＝人件費÷事業活動収入
教育研究経費比率＝教育研究経費÷事業活動収入
管理経費比率＝管理経費÷事業活動収入

　3つの指標の中で，教育研究経費比率は高いほうが望ましく，管理経費比率は低いほうが教育研究経費や人件費に資源を配分していることを意味し，よい経営といえるであろう。人件費は高すぎる場合は経営を圧迫し，低すぎる場合は教職員のモチベーションの低下につながるため，注意が必要である。

　図表10－6は慶應義塾大学と早稲田大学を対象に，以上の3つの尺度について財務分析をした結果を示している。この割合をみることで，皆さんはどちらに入学したいだろうか。2つの学校法人を比較すると，学校法人慶應義塾は学校法人早稲田大学と比べて教育研究経費比率が高く，人件費比率が低い傾向にあることがわかる。また，教育研究経費比率は2017年度まで緩やかに伸びている。このことから教育研究の充実度においては慶應義塾大学のほうが力を入れているといえるのかもしれない。ただし，人件費比率が低いため，学生対教員数や，教授されたい教員が存在するか否かについて慎重に確認することが必要であろう。

図表10－6　両法人の教育サービスの努力水準の比較

慶應義塾	2013年度	2014年度	2015年度	2016年度	2017年度
人件費比率	45.79%	46.56%	45.48%	46.12%	46.11%
教育研究経費比率	45.42%	46.07%	47.39%	48.77%	49.31%
管理経費比率	2.39%	2.78%	3.12%	2.84%	2.72%

早稲田大学	2013年度	2014年度	2015年度	2016年度	2017年度
人件費比率	49.72%	49.76%	49.08%	49.91%	50.22%
教育研究経費比率	42.81%	44.77%	43.75%	43.53%	43.41%
管理経費比率	4.14%	3.91%	3.97%	3.57%	3.72%

（出所）各法人の事業報告書より筆者作成。

　一方，学校法人早稲田大学は，人件費比率が高く，教職員に手厚いといえる

のかもしれない。また，今後，施設改修をおこなうことで，教育研究経費が上昇する可能性がある。

(3) 財務健全性の測定

財務健全性の分析は，企業を対象とした安全性の分析に類似しており，事業活動収支計算書および貸借対照表を用いておこなう。健全性の分析について，以下の3つの指標が代表例である。

〈財務健全性を測定する3つの指標〉

流動比率＝流動資産÷流動負債
自己資本比率＝(基本金＋事業活動繰越収支差額)÷総資産
教育活動収支差額比率＝教育活動収支差額÷事業活動収入

流動比率および負債比率は安全性の分析と同じである。流動比率は100％未満の場合は1年未満に返済ができない可能性があるが，将来の設備投資に向けた特定資産などその他に財源の留保がある場合は確認しなければならない。また，学校法人の自己資本比率はもともと非常に高いため，これが同規模の法人に比べて異常に低い場合は借入金によって法人運営に影響が出ていることに注意したほうがよい。

一方，教育活動収支差額比率は教育活動収支差額を教育活動収入の合計額で割って算定される割合であり，企業会計の財務分析では，ROS (Return on Sales) と類似している。教育活動収支差額比率はゼロ以上が望ましいが，高すぎる場合は資源をうまく配分していないことを意味しており，高すぎてもよいということはない。事業活動収支差額比率がゼロから一定程度に収まるように計画立てて業務を遂行することができているかについて経営判断することができよう。

図表10-7は両法人の財務健全性について示している。両法人ともに流動比率は100％を超えており，かつ増加傾向にあることから，安定した経営がおこなわれていることがわかる。また，自己資本比率も両法人ともに70％を超えているが，学校法人早稲田大学のほうが80％を超えていることから安定的である。一方，教育活動収支差額比率は，学校法人早稲田大学は3％前後で安定的

に推移しているが，学校法人慶應義塾は減少傾向にある。これは附属病院について厳しい環境に置かれていることが原因であると推察される。

図表10－7 両法人の財務健全性の比較

慶應義塾	2013年度	2014年度	2015年度	2016年度	2017年度
流動比率	131.30%	143.07%	141.32%	146.77%	140.69%
自己資本比率	73.72%	74.76%	76.09%	76.35%	75.42%
教育活動収支差額比率	6.35%	4.59%	3.97%	2.22%	1.85%

早稲田大学	2013年度	2014年度	2015年度	2016年度	2017年度
流動比率	142.37%	156.59%	154.37%	189.98%	156.54%
自己資本比率	80.93%	82.05%	82.72%	83.47%	83.51%
教育活動収支差額比率	3.50%	1.52%	3.16%	2.95%	2.62%

(出所) 各法人の事業報告書より筆者作成。

　以上のように，学校法人慶應義塾と学校法人早稲田大学を対象として財務分析をおこない，比較検討したが，両法人ともに安定的な経営がおこなわれていることが理解できよう。また，学校法人慶應義塾は教育サービスの努力水準を維持しながら教育活動収支差額比率の低下をどこまで抑えられるかが課題となっており，一方，早稲田大学は規模を維持しながら教職員の人件費をどのように維持するかが課題となるであろう。

Column 11　私立大学における教育研究情報の開示

　大学では教育研究情報の開示が義務づけられたため，各法人のウェブサイトや「大学ポートレート」というポータルサイトを確認することによって，いくつかの教育研究情報を分析することが可能である。2011年の学校教育法施行規則の改正によって義務化されたのは以下の情報である。

(1)　教育研究上の目的（学部・学科・課程等ごと）
(2)　教育研究上の基本組織（学部，学科，課程等の名称）
(3)　教員組織，教員数（男女別・職別），教員の保有学位・業績
(4)　入学受入方針，入学者数，収容定員，在学者数，卒業者数，卒業後の進路（進学者数，就職者数，主な就職分野等）
(5)　授業科目の名称，授業の方法・内容，年間授業計画
(6)　学修成果の評価の基準，卒業認定の基準
(7)　校地，校舎等の施設・設備その他の教育研究環境（キャンパス概要，運動施設の概要，課外活動の状況とそのための施設，休息をおこなう環境，主な交通手段等）
(8)　授業料，入学料その他の費用徴収，寄宿舎・学生寮等の費用，施設利用料等
(9)　学生の修学，進路選択，心身の健康等の支援（留学生支援や障害者支援等の様々な学生支援を含む）

　あくまで資源の投入についてや，学修上のカリキュラムなどプロセスに関する情報が多く，これらをすべて教員1人当たりの学生数や教員1人当たりの論文数，在学者数の時系列推移から退学者割合を算定するなど，教育サービスの努力水準を補助するために有益な情報源も確認できるであろう。

◆ Exercise ◆

🌏10−1　文言問題

(1) 学校法人の根拠法と目的について説明しなさい。

(2) 私立大学は日本の大学の中でどのような役割を担っていますか？　また，私立大学を運営していくうえで私立学校法によって必要なことについて説明しなさい。

🌏10−2　計算問題

以下のある学校法人の財務諸表を用いて，(1)教育研究経費比率，(2)事業活動収支差額比率，(3)基本金組入率の３つを計算しなさい。また，あなたの関心のある学校法人の(1)から(3)の値をウェブサイトから調べて算定し，各指標について比較分析をおこないなさい。

事業活動収支計算書(新基準)
××01年4月1日から××02年3月31日まで

(単位：円)

教育活動収支				
事業活動支出の部			事業活動収入の部	
人件費		176,452	学生生徒等納付金	314,574
教育研究経費		140,587	手数料	6,420
管理経費		48,012	寄附金	6,801
			経常費等補助金	42,103
教育活動収支差額		9,550	雑収入	4,703
教育活動外収支				
事業活動支出の部			事業活動収入の部	
借入金等利息		3,804	受取利息・配当金	842
教育活動外収支差額		−2,962		
経常収支差額				6,588
特別収支				
事業活動支出の部			事業活動収入の部	
資産処分差額		5,281	資産売却差額	1,000
特別収支差額		−4,281		
基本金組入前当年度収支差額				2,307
基本金組入額合計				876
当年度収支差額				1,431

(1) 教育研究経費比率
(2) 事業活動収支差額比率
(3) 基本金組入率

10-3 経営判断問題

あなたはA大学の職員です。B大学、C大学は同規模の学校法人について情報収集した結果です。A大学の教育サービスの努力水準や健全性を判定し、経営者層に向けた提言を考察しなさい。

	2012	2013	2014	2015	2016	2017	2018
A大学							
学生定員	2,600	2,600	2,600	2,600	2,600	2,600	2,600
教育研究経費比率	28.42%	27.87%	28.24%	29.21%	29.41%	37.12%	36.41%
管理経費比率	8.62%	8.57%	9.21%	10.34%	9.99%	12.51%	12.10%
流動比率	160.41%	170.32%	180.62%	180.91%	183.84%	140.28%	148.62%
B大学							
学生定員	3,000	3,000	3,000	3,000	3,000	3,000	3,000
教育研究経費比率	38.21%	37.81%	38.11%	38.10%	37.10%	36.24%	36.10%
管理経費比率	8.21%	8.54%	8.11%	8.01%	7.85%	7.61%	7.31%
流動比率	260.31%	260.41%	268.41%	251.41%	252.14%	246.32%	251.78%
C大学							
学生定員	2,800	2,800	2,800	2,800	2,800	2,800	2,800
教育研究経費比率	26.12%	25.15%	25.71%	25.31%	25.14%	24.61%	24.31%
管理経費比率	5.84%	5.41%	5.12%	5.64%	5.12%	5.86%	5.14%
流動比率	89.12%	97.21%	105.21%	104.21%	106.81%	101.10%	121.08%

A大学の
(1) 教育サービスの努力水準
(2) 健全性
(3) 提言

◆参考文献

学校法人会計基準の在り方に関する検討会.2013.『学校法人会計基準の在り方について』.
黒木淳.2015.「私立大学における会計情報開示の経済的帰結」『会計プログレス』16:30-44.
黒木淳.2016.「私立大学における教育研究経費削減の予測:収支差額情報の有用性」『会計プログレス』17:55-69.
醍醐聰.1981.「学校法人における造成基本金会計(第7章)」『公企業会計の研究』国元書房:107-132.
日本私立学校振興・共済事業団.1986-2017.『今日の私学財政』.
日本私立学校振興・共済事業団.2017.『私立大学・短期大学等入試志願動向』.
文部科学省ウェブサイト

おわりに－公的組織の財務分析に向けて－

　本テキストは公共サービスを提供する公的組織を対象として，国・地方公共団体，公営企業，独立行政法人，公益法人，社会福祉法人，学校法人の会計について解説した。これらの組織の法制度や適用される会計基準はすべて異なることから，財務分析ではそれらの概要をつかんでおくことが必要である。テキスト上では，各章において各会計基準について解説し，財務分析の事例を紹介しながら，公的組織における財務分析の有用性について示したことで，読者の皆さんは公的組織の財務分析について理解が深められたのではないだろうか。

　しかし，財務分析は現実の会計情報を使い，実践してみなければ力をつけることができない。そこで，本テキストの読者が次のステップで，自らで公的組織の財務分析を実践することを期待している。

〈財務分析のステップ〉
1．本テキストで取り上げた公的組織のなかで最も興味のある公的組織を1つ，あるいは複数選択する。
2．財務分析のフレームワーク（第2章）にしたがい，財務分析の対象となる組織と，クロス・セクション分析で対象となる組織を選択し，財務分析をおこなうための指標を選ぶ。
3．選択した指標を用いて時系列で過去5年間分を算定し，時系列のグラフを作成する。そして，時系列のグラフから解釈を考える。
4．1から3をまとめ，聴衆者を前に発表し，意見交換する。

　編者は，学生や実務家を対象として，公的組織を対象とした財務分析の実践とプレゼンテーションをみてきた。その内容は，単純な財務分析から，非財務情報を用いた複雑な分析，アーカイバルデータを用いた分析まで多岐にわたるが，すべてにおいて興味深い内容と分析結果が提示されていた。これらの経験から，財務分析，プレゼンテーション，意見交換の回数を重ねることが，公的組織に対して理解を得る最善の方法であると考えている。本テキストを参考にして，より良い学術的発見と社会に貢献するより優れた実践が生まれることを期待している。

索　引

■英数

e-Stat･････････････････････････29

■あ行

アウトカム･･････････････････････21
アウトプット････････････････････21
安全性･･････････････････････････26
一般財源････････････････････････41
一般社団・財団法人････････････144
インセンティブ･･････････123, 129
インプット･････････････････････21

■か行

会計検査院･･････････････････71, 132
学校法人会計基準･･････････････190
官公庁･･････････････････････････13
管理会計････････････････････････8
期間進行基準･･････････････････130
企業会計････････････････････････7
基準モデル･････････････････････83
寄附者･･････････････････････12, 148
基本金･･････････････････････193, 194
行政コスト計算書･･････････････88
行政執行法人･････････････････122
業績評価････････････････････････13
業務達成基準･････････････････130
国･･････････････････････････････4
国の財務書類････････････････59, 67
クロス・セクション分析･････････20
経済性･････････････････････････102
経常収支比率･････････････････････51
決算････････････････････････････39
減価償却････････････････････････63
現金主義････････････････････････40

健全化判断比率･･････････････････52
公益性の認定････････････････････145
公益法人 information･･････････30, 148
公益法人会計基準････････････････149
公益法人制度改革････････････････145
公益目的事業････････････････････146
公益目的事業比率･･････････146, 151
公共サービス提供の程度（努力水準）
　････････････････････････････23
公共性･････････････････････････102
公共部門･････････････････････････5
公債依存度･･･････････････････････46
効率性･････････････････････24, 77, 93
国立研究開発法人････････････････122
国立大学法人････････････････････126
固定資産台帳･････････････････････88

■さ行

サービスコスト･･･････････････････24
債権者･･････････････････････････11
歳出････････････････････････････37
歳出の内訳･･･････････････････････49
財政力指数･･･････････････････････50
歳入････････････････････････････37
歳入の内訳･･･････････････････････49
財務会計･･････････････････････7, 8
財務健全性･･･････････････････････25
時系列分析･･･････････････････････20
資産形成度･･････････････････76, 94
支出････････････････････････････37
持続可能性･･････････････････76, 95
実質赤字比率･････････････････････52
実質公債費比率･･･････････････････53
市民････････････････････････････11
社会福祉法人会計基準･･････････163

収益性・・・・・・・・・・・・・・・・・・・・・・・・・・・・25
収入・・・・・・・・・・・・・・・・・・・・・・・・・・・・・・・37
収入源の多様性・・・・・・・・・・・・・・・・・・・・26
重要業績指標（KPI）・・・・・・・・・・・・・195
就労支援施設・・・・・・・・・・・・・・・・・・・・163
受益者・・・・・・・・・・・・・・・・・・・11, 174, 190
授産施設・・・・・・・・・・・・・・・・・・・・・・・・163
受託責任・・・・・・・・・・・・・・・・・・・・・・・・・・8
省庁別財務書類・・・・・・・・・・・・・・・59, 61
情報開示・・・・・・・・・・・・・・・・・・・・・・・・・29
将来負担比率・・・・・・・・・・・・・・・・・・・・54
自律性・・・・・・・・・・・・・・・・・・・・・・・・・・・97
私立大学・・・・・・・・・・・・・・・・・・・・・・・188
新公会計基準・・・・・・・・・・・・・・・・・・・・82
ストック・・・・・・・・・・・・・・・・・・・・・・・・・43
成果情報・・・・・・・・・・・・・・・・・・・・・・・・・24
政策別コスト情報・・・・・・・・・・・・・・・・59
世代間衡平性・・・・・・・・・・・・・・・・・・・・76
世代間公平性・・・・・・・・・・・・・・・・・・・・95
総務省方式改訂モデル・・・・・・・・・・・・83

■た行

第三セクター・・・・・・・・・・・・・・・・・・・・43
単式簿記・・・・・・・・・・・・・・・・・・・・・・・・・40
弾力性・・・・・・・・・・・・・・・・・・・・・・・77, 97
地方公営企業会計・・・・・・・・・・・・・・・104
地方公営企業法の全部適用・・・・・・・103
中期目標管理法人・・・・・・・・・・・・・・・122
デフォルト・リスク・・・・・・・・・・21, 196

統一的な基準・・・・・・・・・・・・・・・・・・・・84
特定公益増進法人・・・・・・・・・・・・・・・・・5
特定財源・・・・・・・・・・・・・・・・・・・・・・・・・41
独立行政法人会計基準・・・・・・・・・・・124
特例民法法人・・・・・・・・・・・・・・・・・・・144

■な行

内部の経営管理者・・・・・・・・・・・・・・・・12
ニュー・パブリック・マネジメント
　（NPM）・・・・・・・・・・・・・・・・・・・・・・・82

■は行

発生主義・・・・・・・・・・・・・・・・・・・・・・・・・85
費用進行基準・・・・・・・・・・・・・・・・・・・130
複式簿記・・・・・・・・・・・・・・・・・・・・・70, 85
ふるさと納税・・・・・・・・・・・・・・・・・・・・12
フロー・・・・・・・・・・・・・・・・・・・・・・・・・・・43

■ま行

目的積立金・・・・・・・・・・・・・・・・・・・・・129
目標値・・・・・・・・・・・・・・・・・・・・・・・・・・・19

■や行

予算・・・・・・・・・・・・・・・・・・・・・・・・・・・・・37

■ら行

連結・・・・・・・・・・・・・・・・・・・9, 69, 70, 84
連結実質赤字比率・・・・・・・・・・・・・・・・52

【編著者紹介】

黒木　淳（くろき　まこと）

2009年3月	大阪市立大学商学部卒業
2014年3月	大阪市立大学大学院経営学研究科後期博士課程修了　博士（経営学）
2014年4月	大阪市立大学大学院経営学研究科特任講師
2015年4月	横浜市立大学学術院国際総合科学群専任講師
2017年4月	横浜市立大学大学院国際マネジメント研究科准教授
2019年4月	会計検査院特別研究官（～2022年3月）
2020年4月	横浜市立大学大学院データサイエンス研究科（兼務）准教授
2023年4月	横浜市立大学大学院データサイエンス研究科教授

＜主要業績＞
『非営利組織会計の実証分析』中央経済社, 2018年
「地方公共団体におけるIT予算の決定要因と成果」『会計検査研究』66巻, 2022年
"Tax-Related Incentives and Expense Allocation in Non-Profit Organizations: Evidence from Japan" *The International Journal of Accounting*（夏吉裕貴氏との共著）, 2023年

公会計テキスト

2019年4月10日　第1版第1刷発行
2024年5月20日　第1版第4刷発行

　　　　編著者　黒　木　　　淳
　　　　発行者　山　本　　　継
　　　　発行所　㈱中央経済社
　　　　発売元　㈱中央経済グループ
　　　　　　　　パブリッシング

〒101-0051　東京都千代田区神田神保町1-35
　　　　　電　話　03（3293）3371（編集代表）
　　　　　　　　　03（3293）3381（営業代表）
　　　　　https://www.chuokeizai.co.jp
©2019
Printed in Japan
　　　　印刷／㈱堀内印刷所
　　　　製本／侑井上製本所

＊頁の「欠落」や「順序違い」などがありましたらお取り替えいたしますので発売元までご送付ください。(送料小社負担)

ISBN978-4-502-29521-8　C3034

JCOPY〈出版者著作権管理機構委託出版物〉本書を無断で複写複製（コピー）することは，著作権法上の例外を除き，禁じられています。本書をコピーされる場合は事前に出版者著作権管理機構（JCOPY）の許諾を受けてください。
　JCOPY〈https://www.jcopy.or.jp　eメール：info@jcopy.or.jp〉

── ■おすすめします■ ──

学生・ビジネスマンに好評
■最新の会計諸法規を収録■

新版 会計法規集

中央経済社編

会計学の学習・受験や経理実務に役立つことを目的に，最新の会計諸法規と企業会計基準委員会等が公表した会計基準を完全収録した法規集です。

《主要内容》

会計諸基準編＝企業会計原則／外貨建取引等会計処理基準／連結CF計算書等作成基準／研究開発費等会計基準／税効果会計基準／減損会計基準／自己株式会計基準／1株当たり当期純利益会計基準／役員賞与会計基準／純資産会計基準／株主資本等変動計算書会計基準／事業分離等会計基準／ストック・オプション会計基準／棚卸資産会計基準／金融商品会計基準／関連当事者会計基準／四半期会計基準／リース会計基準／持分法会計基準／セグメント開示会計基準／資産除去債務会計基準／賃貸等不動産会計基準／企業結合会計基準／連結財務諸表会計基準／研究開発費等会計基準の一部改正／変更・誤謬の訂正会計基準／包括利益会計基準／退職給付会計基準／税効果会計基準の一部改正／収益認識基準／原価計算基準／監査基準／連続意見書　他

会 社 法 編＝会社法・施行令・施行規則／会社計算規則

金 商 法 編＝金融商品取引法・施行令／企業内容等開示府令／財務諸表等規則・ガイドライン／連結財務諸表規則・ガイドライン／四半期財務諸表等規則・ガイドライン／四半期連結財務諸表規則・ガイドライン　他

関 連 法 規 編＝税理士法／討議資料・財務会計の概念フレームワーク　他

■中央経済社■

■最新の監査諸基準・報告書・法令を収録■

監査法規集

中央経済社編

本法規集は，企業会計審議会より公表された監査基準をはじめとする諸基準，日本公認会計士協会より公表された各種監査基準委員会報告書・実務指針等，および関係法令等を体系的に整理して編集したものである。監査論の学習・研究用に，また公認会計士や企業等の監査実務に役立つ1冊。

《主要内容》

企業会計審議会編＝監査基準／不正リスク対応基準／中間監査基準／四半期レビュー基準／品質管理基準／保証業務の枠組みに関する意見書／内部統制基準・実施基準

会計士協会委員会報告編＝会則／倫理規則／監査事務所における品質管理　《**監査基準委員会報告書**》　監査報告書の体系・用語／総括的な目的／監査業務の品質管理／監査調書／監査における不正／監査における法令の検討／監査役等とのコミュニケーション／監査計画／重要な虚偽表示リスク／監査計画・実施の重要性／評価リスクに対する監査手続／虚偽表示の評価／監査証拠／特定項目の監査証拠／確認／分析的手続／監査サンプリング／見積りの監査／後発事象／継続企業／経営者確認書／専門家の利用／意見の形成と監査報告／除外事項付意見　他《**監査・保証実務委員会報告**》継続企業の開示／後発事象／会計方針の変更／内部統制監査／四半期レビュー実務指針／監査報告書の文例

関係法令編＝会社法・同施行規則・同計算規則／金商法・同施行令／監査証明府令・同ガイドライン／内部統制府令・同ガイドライン／公認会計士法・同施行令・同施行規則

法改正解釈指針編＝大会社等監査における単独監査の禁止／非監査証明業務／規制対象範囲／ローテーション／就職制限又は公認会計士・監査法人の業務制限

【おすすめします】

非営利組織会計の実証分析

黒木 淳（著）

＜A5判・268頁＞

　シグナリング・モデルを参考に，非営利組織における会計情報の自発的なディスクロージャーがなぜ行われるのかについて，アーカイバル・データを用いた実証分析により解明。

≪目次≫

序　章　本書の目的・意義・構成

第1部　非営利組織会計の分析枠組みの構築

第1章　非営利組織会計の機能とディスクロージャー制度

第2章　非営利組織会計を対象とした実証研究の到達点と展望

第3章　わが国非営利組織会計の分析視角―シグナリング仮説の提示

第2部　好業績シグナルとしての会計ディスクロージャーに関する実証分析

第4章　公益法人における自発的な会計ディスクロージャーとシグナリング

第5章　社会福祉法人における自発的な会計ディスクロージャーとシグナリング

第6章　私立大学における自発的な会計ディスクロージャーとシグナリング

第7章　私立大学における自発的な会計ディスクロージャーの経済的帰結

第3部　非営利組織における財務指標の有用性に関する実証分析

第8章　公益法人における公益目的事業比率の決定要因

第9章　社会福祉法人における実在内部留保の決定要因

第10章　私立大学における教育研究経費削減の予測―収支差額情報の有用性

終　章　本書の結論と今後の展望

中央経済社